JN311416

子育て主婦が知っておきたいお金の話

つだなみこ

経法ビジネス新書
002

はじめに

「ファイナンシャルプランナー（ＦＰ）」として、活動をはじめて約８年になります。

というとかっこよく聞こえますが、私は、子育てや主婦業と仕事を両立している「兼業主婦ＦＰ」なんです。娘が小学校６年生になった今でこそ、積極的に遠方や長時間のお仕事も引き受けられるようになりましたが、夫が転勤族なので、ここ10年間だけでも東京、福岡、大阪と転居し、基本は「家族が第一」というスタンスで、ワークライフバランスを大切にしながら、少しずつＦＰとしての活動の幅を広げてきました。

子育てサークルや子育て講座にも足しげく通いましたし、小学校や子ども会の役員、生協活動、ママ友達とのランチなど、ＦＰとして活動しながら主婦業も満喫してきました。

でも、だからこそ分かったことがあります。

世の中の主婦たちは、

「子どものこと、教育のことなど、いつも家族の幸せを考えていること」

「いろいろなお金の心配事も抱えているけれど、誰に相談したらいいのか分からず悩んでいること」

「収入のことを考えると、仕事はしたいけれど、子育てや家庭の事情もあってなかなか難しいということ」

そして、「いろいろなスキルや、自己実現を目指したいという想いをもっている『素敵な女性』がたくさんいるということ」も。

同じ子育て主婦として、少しでもそんなみなさんのお役に立ちたいと思い、「幸せ家族の家計術講座」と題して、主婦のみなさんを対象に「家計術」や「保険の見直し」「ライフプラン」「教育費の準備の仕方」などに関するセミナーを継続して行ってきました。

その中で、さまざまな感想やご意見をいただいたり、また「お金に関する相談」をたくさんお受けしたりして気づいたことがあります。それは、**「家計を握り」そして「子どもたちにお金の使い方を教えなければならない立場にある私たち大人」が、あまり「お金のことについて分かっていない」ということです。**

保険や住宅ローン、税金、年金、資産運用、そして家計管理。私たちの生活の中で当たり前のように関わっているお金のことについて、「よく分からない」という人がとても多いということです。

消費者向けの「保険の選び方セミナー」で、

「毎月の保険料は、いくら払っていますか？」

「万一のことがあった場合、保険金はいくら受け取れますか？」

「その保障は何歳まで続くものですか？」

などの質問を投げかけてみたところ、ほとんどの方が「どうだったかなぁ？」と首をかしげます。

保険会社の人に勧められるままに加入したけれど、「一応入っているし、まあいいか」ということで、長い間、保険証券も見ていないという方も多いようです。

残念ながら、私たち「今の大人」が、大人になるまでの間に、お金のことを学ぶ機会はほとんどありませんでした。最近でこそ少しずつ「金銭教育」とか「パーソナルファイナンス」などという言葉を耳にするようになり、小・中・高校で「お金に関する授業」を導入する学校もでてきましたが、まだまだお金のことを学ぶチャンスは少ないようです。

お恥ずかしい話ですが、私自身、ファイナンシャルプランナーの資格を取るまでは、まったく無知な主婦でした。「公務員家庭、お金の話はタブー」という環境に育ち、びっくりするほどお金や家計、世の中のお金のしくみなどに対して無頓着に生きてきました。

しかし、結婚後、主婦業に役立てば、と軽い気持ちで通いだした「ファイナンシャルプランナー資格取得講座」が私の人生を変えることとなりました。毎日の授業が「目からウロコ」。税金や社会保険、年金といった言葉ははじめて耳にするくらい新鮮で、日本国民としてこんなことも知らなかったのかと、自分が本当に恥ずかしくなったのです。

お金のことを知るのが楽しくて、楽しくて、勉強をするうちに、いつしか、

「**私が学んだ『誰もが知っておくべきお金の知識』を、私より少し知識が少ない人々に伝えたい**」と思うようになっていました。


私のモットーは、「**身の回りのお金のことを分かりやすく、楽しく伝えること**」。

「分からない人の気持ちが分かるＦＰ、みなさんの一番身近にいるＦＰ」として、

「知らないことを恥ずかしいとは思わなくていいよ」

「役に立つ知識を受け取って、手に届く、できることから少しでも活用してほしい」

そして、「**ちょっとだけ前向きになれるようなパワーを与えたい**」

そんな気持ちを伝えるために日々活動しています。


主婦向けのセミナーに参加してくださった方からの感想で多いのは、

「お金のことを全然知らなかった自分が恥ずかしくなりました」

「自分の保険のこと、まったく分かっていなかったので、目からウロコでした」

「将来のことを考えて、少しずつ家計管理をはじめてみようと思います」


今まで習ってこなかったのですから、分からなくて当然なのです！ だからこそ、私たちは、しっかり自分たちで知る努力をして、これから上手にお金と付き合う方法を学んでいけばよいのです。

その他の感想では、

「分かりやすい言葉の中に、お金についての大事なことが沢山つまっていました」

「教育費がいくらかかるのか、どうやって準備したらいいのかよく分かりました」

「住宅購入の考え方やローンのしくみが分かりました」

など、本当に基本的なお金の話に共感してくださるご意見が多いです。

そして、うれしいのは、

「お金のことをまったく知らなかったので、これをきっかけに勉強をはじめようと思います」

「保険の勉強をして、自分でいろいろ調べてみようと思いました」

「今日のお話で背中を押してもらった気がしました。これから家族の将来のためにお金のことをしっかり考えようと思います」

といった、前向きな感想です。

中には、ファイナンシャルプランナーという資格自体に興味を持って参加してくださる方もいらっしゃいます。FP3級技能士（国家資格）は、誰もが知っておくべきお金の基本的な知識が身につく内容なので、「日々の暮らしの中で出会うお金の悩み」をご自分で解決できるようにするためにも、ぜひ多くの方に取ってもらいたい資格です。

こんな風に感じてくれる主婦の方々がもっともっと増えればいいな、といつも思っています。


セミナーの最後に必ず、私がみなさんにお願いしていることがあります。

「こうやってお金について学ぶ機会に足を運ばれたことが第一歩です！　お金の知識

を持って帰るだけでなく、今日の話をきっかけに、1つだけでもいいので、何かご自身で実践することを決めてくださいね」と。

専門家にお願いして、保険の見直しをしてもらったり、ライフプランを立ててもらったり、銀行や証券会社の方に資産運用をお任せするのは簡単です。でも、長い人生「上手にお金と付き合っていくために」、そして「家族が幸せに暮らしていくために」も、**「子育て主婦」は、お金のことをもっと知っておく必要があると思うのです。**

この本を手に取ってくださったみなさん！　ここに書いている内容は、**「子育て主婦が知っておきたいお金の話」**です。

第1章、第2章は、みなさんに知っていただきたい、そして、お伝えしたい話。

第3章から第5章は、今までご相談が多かった「主婦のお悩み」を年代別にまとめました。

タイトルを見て「気になるテーマ」から読んでくださいね。

みなさんのご家族の将来がハッピーなものになりますように！
そのために、少しでもお役に立てますように！
ぜひ本書を手に取って、楽しく読んでいただければと思います。

ごうだなみこ

子育て主婦が知っておきたいお金の話

●目次

第2章　家計管理にチャレンジ

第4章 30代後半～40代に多いお金の悩み

第1章

家族の幸せのために「お金のこと」考えてみよう

【1】どうしてお金の知識が必要なの？

「お金の知識について学ぼう！」「お金と上手に付き合えるようになろう！」

私が子どもの頃、そんなことを話してくれる大人はほとんどいませんでした。

どちらかというと、「子どもはお金のことなんて知らなくていい」「お金の話を人前でするなんて、はしたない」「お金儲けのことばかり考えるのはよくない」といった、お金をマイナスイメージでとらえている人のほうが多かったように思います。

でも、今、**「もっとお金のことを考えよう！」「親子で、家族で、お金の話をしっかりしよう！」と私が叫ぶようになったのにはちゃんと訳があります。**それは、**「時代が変わった」ということです。**

セミナーの冒頭でいつもお話しします。

「少し、みなさんが子どもだった頃の日本を思い出してみてください。」

高度成長期、世の中のお父さんたちは、外に出て一生懸命働いていました。日本の経済はうなぎのぼり、お給料は右肩上がり、安定した終身雇用制度、お約束された年金。医療保障も安定し、私が子どもだった当時の「病院で支払う医療費」は健康保険に加入していれば、会社員が１割負担、会社員の家族が２割負担、自営業者で３割負担、高齢者は無料だったと思います。一生懸命働きさえすれば、それが将来の安定につながった時代です。

ところが、今の世の中どうですか？　終身雇用制度は崩壊し、少子高齢化が進み、ニュースを見ていても、「うちの会社は大丈夫かしら？」「将来ちゃんと年金はもらえるかしら？」など不安になることばかり。国民が支払う医療費もどんどん高くなり、高齢者の医療費負担も増える傾向にあります。年金制度に対する不信感や若者の就職難の影響もあって、厚生労働省の発表によると国民の義務である国民年金の納付率は60％強（平成25年度）、25歳～29歳に限ってみると49・88％と半数を割り込んでいます。

政権がころころ変わるのも私たち国民の不安をあおる要因となりましたね。平成24年末に自民党の安倍政権に代わってからは、「アベノミクス」という政策のもと、少し景気が良くなり、明るい兆しが見えてきた日本経済ですが、平成26年4月からは消費税が8％にアップし、物価も上昇しはじめました。でもそれに伴って、お給料がグングン増えるかというと、それはなかなか難しい状況ですよね。

世の中がデフレモードだったここ数年の間でも、子どもの教育費は上昇傾向が続き、子育て世代の家計を圧迫してきました。そして、頑張って勉強して大学を卒業しても、就職難で正社員への道のりは厳しく、派遣やパート労働者として働く若者が増加しています。また、学生時代に借りた奨学金が返済できない人や、定職につけないニートやフリーターの増加も社会問題になっていますね。

「わが子はきちんと就職して、経済的にしっかり自立して生きていけるのだろうか？」

「幸せな家庭を築いて、かわいい孫ができて、ゆとりのある老後を過ごす…、そんな未来はやってくるのだろうか？」

いろいろな意味で、「お金のこと、将来のことに不安を感じる」人が増えているのは、やむを得ないようにも感じます。
そんな、心配を和らげるために私たちはどうすればよいのでしょうか？

将来への漠然とした不安を取り除くためには、
「ご自身がそう感じる理由を知ること」
つまり、
「みなさんのご家庭の今の家計を把握すること」です。
そして、次に、**正しいお金の知識を身につけて、**
「将来の家族のライフプランをイメージし、資金計画を立ててみること」です。

まずは将来、不安のない暮らしができるように、大きな支出である「人生における3大資金」から考えてみましょう。

「家計管理と資金計画」の具体的な方法については、第2章でお伝えしますので読んで、実践してみてくださいね。

【2】人生における3大資金って？

人生の中で最もお金がかかるものに、次の3つの資金があります。

「住宅資金」「教育資金」「老後資金」です。


マイホームでも、賃貸住宅でも必ずかかってくるのが「住まいにかかるお金」、すなわち「**住宅資金**」です。

マイホームがほしいほとんどの人にとって、住宅購入は「人生で最大のお買い物」になる場合が多いですよね。大きな買い物で失敗しないようにするためには、物件選びだけでなく、頭金の準備をはじめ、住宅ローン返済プランなどもしっかり考えなければなりません（詳しくは、第3章【5】参照）。

「ローンは抱えたくないので賃貸が気楽でいい！」という「賃貸派」の人もいます。

また、社宅住まいや勤務先の家賃補助が充実しているから「マイホームを買う必要がない」という方、転勤族だったり、将来は田舎に帰らなければならないので「マイホームは持てない」という方もいらっしゃるでしょう。

賃貸住宅の場合は、日々の家計から毎月家賃を支払わなければなりません。そして、マイホームのようにいつか自分のものになるということはないので、賃貸住宅に住んでいる限り家賃の支払いは続きます。現役時代で収入が十分にある間は大丈夫でも、リタイア後に家賃の支払いが厳しくなるかもしれません。長期的なライフプランと資金計画を立てることが大切です。

「**教育資金**」は、子どもがいる家庭の場合に必ずかかるお金です。

「お子さま1人につき、教育費は1000万円」なんて話を耳にしたことはありませんか。実際、**幼稚園から大学まですべて公立の学校に通った場合にかかる教育費用は総額約723万円、すべて私立の場合は2000万円以上にもなると試算されています**（詳しくは、91頁の図表参照）。1人当たりの額ですので、子どもが2人、3人になると、

2倍、3倍にもなりますね。

ただ、教育資金は「子どもが誕生した時にほぼ予想できるお金」です。つまり、生まれてすぐにすべてを用意する必要はなく、子どもの成長に合わせて計画的に貯めていけばよいお金です。住宅資金と同じように長期的な資金計画に教育資金を組み込んでいくようにします（「教育資金の準備の仕方」については、第3章【2】参照）。

最後は、ずっと先のことだからと後回しになりがちな「**老後資金**」です。

厚生労働省の簡易生命表によると、平成25年の日本の平均寿命は、男性が80・21歳、女性は86・61歳となっています。

平均寿命とは、赤ちゃんがオギャーと誕生した瞬間から亡くなるまでの平均値をとったものですが、もう1つ、今の年齢から平均して何歳まで生きられるかという数値を表すものに「平均余命」があります。例えば30歳の女性の平均余命は57・09年、40歳ならば47・32年、50歳ならば37・74歳、60歳ならば28・47年なので、それぞれの年齢に足すと、87・09歳、87・32歳、87・74歳、すでに現在60歳の方ならば平均88・47歳まで生きられることになります。

女性の一生涯のライフプランを考えるときは、90歳～１００歳くらいまでは生きることを想定して資金計画を立てるほうがよさそうですね。

定年退職が65歳とすると、その後、残された人生は20年以上と、「セカンドライフ」は思う以上に長いことがイメージできます。リタイア後、公的年金だけで豊かな暮らしができるのが理想的ですが、これから老後を迎える私たちにとって、医療や介護にかかる費用は増加、年金は減少傾向にある状況で、残念ながらそれは難しそうですね。

老後の資金プランニングを考えるときは、「年金で不足する部分を現役時代にどのように準備するか？」がポイントになります（「公的年金制度」については第４章【４】参照）。

【3】幸せな家族の将来をイメージしてみよう

「3大資金、お金がかかるのね！」と、逆に不安になってしまったでしょうか？

ここでちょっと気を取り直して、10年後、20年後のキラキラ輝く自分の姿と、そばにいてくれる家族の笑顔をイメージしてみましょう。お子さまはすっかり大人になって頼もしい姿になっていますか？　ご主人はちょっと老けたけれど貫禄がでているかもしれません。

中高生向けの「パーソナルファイナンス」に関する授業の講師をすることがあります。「お金の基礎知識や大切さ、将来働いて稼ぐということの必要性」を伝えたうえで、自分の将来とライフプランについて考える時間を設けています。その中で、将来の夢や目標を次頁のような「夢シート」に書いてもらうことがあります。中高生たちは「プロ野球選手になる」「作家になる」「美容関連の学校を出て地元で美容室を開く」などなど、とても素直な気持ちで夢を描いて発表してくれるので、講師として聞いている私も幸せ

●夢シート（ファミリー用）

☆☆将来の夢と目標☆☆

◎家族の夢

☆☆どこでどんな暮らしをしていますか？☆☆

◎10年後の私（　　歳）・夫（　　歳）

子ども（　　歳）・（　　歳）・（　　歳）

◎（　　）年後の私（　　歳）・夫（　　歳）

子ども（　　歳）・（　　歳）・（　　歳）

（出典：日本ＦＰ協会テキスト『10代から学ぶパーソナルファイナンス』を参考に筆者作成）

な気分になってしまいます。「若いっていいなぁ！」。ついついおばちゃん目線の感想が出てしまうのですが、**おばちゃんになったって、いくつになったって、夢を描いていいと思うのです。**

「家族でハワイ旅行をする」
「理想のマイホームで暮らしている」
「夢だったカフェを開いてオーナーになっている」
「孫ができて二世帯住宅で暮らしている」等、

10年後、○年後のありたい姿をイメージして「夢シート」（前頁）に書きこんでみましょう。

ご家族の夢、幸せな未来を想像してみると、ちょっと楽しくなってきませんか？

理想的な家族の姿を頭に焼き付けたら、次は、少し具体的にライフプランを立ててみましょう。

【4】「家族の夢プランシート」を作ってみよう

1.「家族の夢プランシート」とは?

自分や家族がこれから生活していくうえで節目となる出来事、例えば、進学や就職、結婚、出産、マイカーやマイホーム購入など、「予想できる大きな出来事＝ライフイベント」を表にまとめたものです。

実際に書き込んで形にすることで、**家族みんな、そしてそれぞれのこれからの目標の達成と、夢の実現に近づくことができます。**

また、**イベントごとにかかる費用をざっくり予測することで、大きなお金の流れを把握することもできます。**

「『福々家の』家族の夢プランシート」（次頁）を参考にして、「みなさんのご家族の「家族の夢プランシート（書き込み用）」（38頁）を作ってみてくださいね。

2022年	2023年	2024年	2025年	2026年	2027年	2028年	2029年	2030年	2031年	2032年	2033年	2034年
8年	9年	10年	11年	12年	13年	14年	15年	16年	17年	18年	19年	20年
49	50	51	52	53	54	55	56	57	58	59	60	61
リフォーム				車買い替え				♥ 銀婚式			退職 独立開業	★
46	47	48	49	50	51	52	53	54	55	56	57	58
専業主婦 OR パート								♥ 銀婚式				→
18	19	20	21	22	23	24	25	26	27	28	29	30
校	私立音楽大学			夢：オーケストラに入りたい						♥ 結婚		
13	14	15	16	17	18	19	20	21	22	23	24	25
公立中学校			公立高校			国立大学						
		学習塾						夢：獣医さんになりたい				
							夫婦旅行					
300（リフォーム）					250（車）			30（旅費）		200（結婚）		

「福々家の」家族の夢プランシート

		年号	2014年	2015年	2016年	2017年	2018年	2019年	2020年	2021年
家族	名前	何年後	現在	1年	2年	3年	4年	5年	6年	7年
	まるお	年齢	41	42	43	44	45	46	47	48
		キャリア		英会話を始める						
		やりたいこと			車買い替え					
	まるこ	年齢	38	39	40	41	42	43	44	45
		キャリア			←－－－			FP資格取得		
		やりたいこと	←－－		料理教室		－－→			
	まるみ	年齢	10	11	12	13	14	15	16	17
		イベント	← 公立小学校 →			← 公立中学校 →			← 公立高	
		やりたいこと								
	まるた	年齢	5	6	7	8	9	10	11	12
		イベント			←－－			公立小学校		－－→
		やりたいこと	←－－			サッカー				
	家族のイベント　夢							家族でハワイ		
大きなイベント支出（単位：万円）						200（車）		80（旅費）		

2．さあ、書き込んでみましょう

①家族それぞれの名前と年齢を記入しましょう。

○年後、ママが○歳の時に子どもが○歳など、書いてみるだけでも将来のことがイメージしやすくなりますよ。

②家族それぞれの大きなライフイベントを書き込んでみましょう。

お子さまの場合は、何年後に小学校、中学校……そして就職などだいたい予測できますね。

うちの子は何歳くらいで結婚するのかな？　○年後にはおばあちゃんになっているのかも？　なんて想像しながら書くのも楽しいです。

ママやパパは、お仕事でのキャリアップ、趣味など、なりたい自分を自由に書いてみてOKですよ。

③家族旅行、家電や車の買い替えなど、やりたいことや夢も記入しましょう。

④最後に、ざっくりでよいので、そのイベントにかかる費用を書き込みます。

いかがでしょうか？

子どもの進学費用や車の買い替え、家のリフォーム費用など、大きな支出がいつあるかを予測して、**将来のライフイベントとそれに関わるお金を視覚的に確認することができれば、「いつまでにどれくらいお金を準備したらよいか」、という計画も立てやすくなりますね。**

ライフプランセミナーなどでは「**家族の夢プランシート**」に加えて、これからの支出や収入、貯蓄の変化など、お金の流れを詳しく把握するための「**キャッシュフロー表**」を作成していただくことがあります。そうすると、

「将来、問題なく家計が推移していくことが分かって、よかった、とホッと安心される人」がいる半面、

「将来の家計がマイナスになり、現状のままでは厳しいということに気がついて、涙を流し、顔を上げられなくなる人」もいらっしゃいます。

現実に直面するのは、時には怖いことかもしれません。でも、気づかないまま対策も

2022年	2023年	2024年	2025年	2026年	2027年	2028年	2029年	2030年	2031年	2032年	2033年	2034年
8年	9年	10年	11年	12年	13年	14年	15年	16年	17年	18年	19年	20年

してみましょう。

家族の夢プランシート（書き込み用）

		年号	2014年	2015年	2016年	2017年	2018年	2019年	2020年	2021年
家族	名前	何年後	現在	1年	2年	3年	4年	5年	6年	7年
		年齢								
		キャリア								
		やりたいこと								
		年齢								
		キャリア								
		やりたいこと								
		年齢								
		イベント								
		やりたいこと								
		年齢								
		イベント								
		やりたいこと								
		年齢								
		イベント								
		やりたいこと								
		年齢								
		イベント								
		やりたいこと								
	家族のイベント　夢									
大きなイベント支出（単位：万円）										

◇家族全員の名前を書き、年齢を経過年数に合わせて記

取らず過ぎてしまい、後から取り返しのつかないことになるよりも、**「今、気づくことができてよかった！」と考えれば、一歩前に進めるのではないでしょうか？**　問題点がはっきりすれば、「どうすればよいか？」という対策を考えることができますし、これから努力することによって、きっと幸せな将来につながるはずです。

今は、まだ子どもが小さく専業主婦なので家計がカツカツという状況でも、子どもの手がはなれた35歳から65歳まで年間で１００万円収入を得ることができれば、１００万円×30年で65歳時点での貯蓄を、３０００万円も増やすことができます。

もっと頑張って年間１５０万円稼いだら、４５００万円も増やすことだってできるのです。

長い人生いくらでもやり直しはききます。お金のことで悩んでしまったときは、明るい未来を見つけるために、どうするのが一番いいのか？　考えてみましょうね。

【5】夫婦で「お金のこと」「将来のこと」を話してみよう

家計術やライフプランセミナー終了後のフリートーク中によくあるご相談です。「家計を把握してしっかり管理する、将来のことを考えて資金計画を立てる。大事なことだと分かっているのです。でも『問題は夫』。私１人が頑張ったところで夫が好き勝手にカードなどでお金を使ったら私が頑張る意味がない…。一生懸命やっている自分がバカみたいに感じてしまうのです」

かなりの頻度で出る話です。「ご相談」というより、「グチ」に近いのかもしれません。おっしゃるとおり、主婦がお金のことを一生懸命考えて、家計を節約し管理して将来の資金計画を考えるとすれば、それは自分のためだけでなく「家族みんなの幸せのため」に他なりません。それなのに、肝心の家族が分かってくれなければ、前には進めませんね。**家族の将来の夢を実現するためには「家族が分かり合い協力し合うこと」が前提条件になるのです。**

また、「夫が家計のすべてを握っていて、毎月一定額の生活費だけを受け取っているので、毎月の収入がどれくらいあるのか、貯蓄がいくらあるか、まったく知らない」というケースもあります。こちらも少し怖い話です。「きっちりした信頼のおける夫だし、任せきりで楽だわ！」という考え方もありますが、本当にそれで大丈夫でしょうか？あってはならないことではありますが、万一のことが起こってしまった場合、ふたを開けてみれば「生命保険に入っていなかった」「思っていたほど貯金がなく、子どもの教育資金も足りない」などということがあるかもしれません。お金をどのように管理していたのかすら把握するのが難しいかもしれません。

できれば勇気を出して「わが家のお金とライフプランについてきちんと話がしたい！」とご主人に伝えていただきたい、と私は思います。もしかしたら、このことが一番のハードルになってしまうというご家庭もあるかもしれません。

実際、私がお受けする相談業務の大半は、主婦の方がお1人で来られるケースです。同じ女性で子育て主婦、という部分で安心感もあってご用命くださることが多いようですが、ほとんどの方が「今日お話しいただいたことを夫に上手く伝えられるか心配です」とおっしゃいます。

私も「今日、ゆっくりご主人とお話ししていただいて、これからどうされるか決めてくださいね」と締めくくることが多いです。

後日、「あれから夫と話し合って、マイホームの計画が前に進みました」とか、「なかなか聞く耳を持ってくれなかった保険の話、私が夫にしっかり説明できたので、上手く見直すことができました」などとご連絡をいただくと、とてもうれしい気持ちになります。

さあ、ご夫婦で、「今の家計のこと」「これからのお金のこと」「ご家族で思い描く将来のこと」じっくり話をしてください！

夫婦でゆっくり語り合う時間を持ち、「夫婦の夢や暮らし」を共有して思い描くことができるようになれば素敵ですね。

この本を手に取ってくださったことがきっかけになり、そう感じてくださるご夫婦が増えることを祈ります。

☆「主婦がセミナーで聞きたいテーマ」ランキング

主婦向けセミナーでとったアンケートの結果です。

やはり、「家計をしっかり管理して貯蓄を殖やす」というテーマは、一番身近で大切なこととして興味を持っていただくことが多いようです。

また、子育て主婦にとって「子どもの金銭教育」や「教育費の準備」など、子どもに関するテーマも気になるようですね。

「大切なのは分かっているけれど、なかなか落ち着いて考える機会がない」という方も多いようで「保険の選び方、見直し方」も人気があります。

●主婦がセミナーで聞きたいテーマ

ランキング	テーマ
1　位	家計術＆楽しいお金の殖やし方
2　位	お子さまに伝えたいお金の話 (子どもの金銭教育)
3　位	教育資金の準備の仕方
4　位	賢い保険の選び方、見直し方
5　位	子育てママのキャリアアップ術
6　位	わが家のライフプランを立ててみよう
7　位	年金のしくみを理解しよう
8　位	ＦＰ３級技能士資格取得を目指そう

第2章

家計管理にチャレンジ

【1】まずは「家計の現状」を把握しよう！

「合田さんはFPだから、しっかり家計簿をつけているのでしょうね？」とよく言われます。ですがお恥ずかしい話、「家計術講座」なんてタイトルでセミナーをさせていただいている私自身、正直「家計簿」は苦手で、「しっかり」はつけていません。

「数字が苦手で計算が合わず、結局続かない」

「市販の家計簿では、米や副菜、嗜好品などと、項目別に仕分けができない」

「家計簿は苦手、三日坊主で続かない」などとおっしゃる方が多いようですが、実際、主婦向けのセミナーで、「毎日しっかり家計簿をつけている方は？」と質問すると、手が上がるのは1割か2割程度。ほとんどの方は家計簿をつけていないし、試してみたことはあるけれど挫折したという方が大半のようです。

家計簿って、当たり前に誰もがつけているように思われているけれど、案外難しいモノみたいです。

ちなみに私自身、ＦＰになる前は家計簿なんてつけていなかったですし（トライはした記憶はありますが、ひと月も続かず挫折していたと思います）、ＦＰになってからは「プロとしてしっかりやらなくては」という義務感から試行錯誤を繰り返しました。本屋さんに並ぶさまざまな市販の家計簿を買ってはみたものの使いこなせず、結局、自分で作ったエクセルの「ざっくり家計簿」に落ち着きました。

ここ2～3年は、買い物したら即座に記録することができる「スマートフォン版の家計簿アプリ」を気に入って使っています。家に帰ってからまとめてつけるとなると、ちょっと面倒ですが、スマホの家計簿は「すぐに入力できて手軽」というのが最大の魅力。簡単に続けることができるのでおすすめですよ。

家計簿をつけていなくても、項目別にお金をしっかり管理して把握できているという方もいます。

「家計簿なんてつけたことはないけれど、だいたい頭に入っていますよ。毎月○円お金を下ろして、食費に○円、衣服代に○円、医療費に○円、散髪代に○円、だいたい○

○円くらい残るので貯金して…」などと、スラスラと話してくださる方などには感服してしまいます。

結論を言うと、**「完璧な家計簿なんてつけなくてもいい」と思うのです。**

家計簿は正確に数字を合わせるためにつけるものではありません。大切なのは**「家計を把握すること」**です。

家計の現状を把握して、よくないと思ったところがあれば反省し、今後、改善していけばいいのです。

さあ、できることから少しずつ「家計管理」をはじめてみましょう！

1．食費や生活雑貨など項目ごとの毎月の支出入を把握しましょう。

←

2．振り返って「無駄使いがないか？」などの問題点を発見しましょう。

←

3．先月の反省点を踏まえ、今月の予算と目標を決めて実践しましょう。

1．食費や生活雑貨など項目ごとの毎月の支出入を把握しましょう

完璧を目指して気合を入れる必要はありません。細かい管理が苦手という人は、まずは1か月分のレシートを全部取っておいて、ノートか雑がみの裏にでも、項目別にペタペタ貼ってみてください。レシートのないものについては、分かる範囲でふせんなどに記入して一緒に貼るといいですね。

光熱費・通信費・保険料などについては、引き落とし口座の通帳やクレジット支払いの明細等で確認しましょう。電気、ガス、水道代などの水道光熱費は1か月分だけでなく1年分を追って見てみると、どの季節に何を多く消費しているかが分かりますよ。1年間の棒グラフを作ってみると、夏は水道代が高く、ガス代は冬が高いなど、季節によって使い方の特徴が分かります。節約に結びつけるためには、消費が多い時期の対策を考えると効率がよいですね。

◇ポイント：クレジットカードはお金の流れが見えないので把握しにくいですね。カードに依存し過ぎていると感じる人は、いったん、クレジットカードを使うのをやめて現金生活をしてみましょう。

ご自分のお金の使い方の傾向を知る、よいきっかけになるかもしれませんよ。

2．振り返って「無駄使いがないか？」などの問題点を発見しましょう

今月のお買い物のレシートを眺めてみて、「買ってよかった！」または「買ってみたもののイマイチだった…」など、購入後の「自分の満足度」を確かめてみましょう。

レシートに○×△など赤ペンでマークしてみるのもおすすめです。これは、子どもの「おこづかいゲーム」などのイベントでもやることですが、この振り返りが今後の無駄使いの予防にもなります。

○ふくふくデパート〜ひと目ぼれして買ったワンピース、タンスを開けて眺めているだけでも幸せ

×まるまるスーパー〜ポイント5倍デーで調子に乗って買い込み。冷蔵庫で食材がたくさん期限切れになっていた……。

△ママ友とイタリアンランチ〜美味しくて楽しかったけど3000円の支出はちょっと贅沢すぎたかな？

などなど。

◇ポイント：レシートをチェックする際は、金額だけでなく「どこのお店で何を買ったのか」も思い出してみましょう。「また、同じような安物買いをしてしまった」とか、「食材を買い込み過ぎて使い切れなかった」など、反省点が見つかることもありますね。

3．先月の反省点を踏まえ、今月の予算と目標を決めて実践しましょう

1か月の支出が把握できたら、具体的な予算を立てます。食費、生活雑貨、おこづか

いなど、項目別でもよいですし、1週目、2週目など、期間ごとに分けてもOKです。

「食費にかなり無駄があったので、2000円は削ろう」

「今月は、洋服の衝動買いはやめよう」

「外食は、2回までにしよう」

など、具体的な目標を立てると取り組みやすいですよ。

お金の仕訳方法はいろいろありますが、私は透明の「ウォールポケット」を使って週単位で予算を管理しています。「ウォールポケット」は100円ショップなどで売っているようなシンプルなものに、食費、衣類、医療費、臨時費、お稽古事代などを週ごとに4つに分けて仕訳シールを貼り、予算（お金）を入れておきます。クレジットカードの支払いがある場合は、クレジット明細用のポケットを作り、キャッシュとは別枠で管理すると把握しやすいですね。

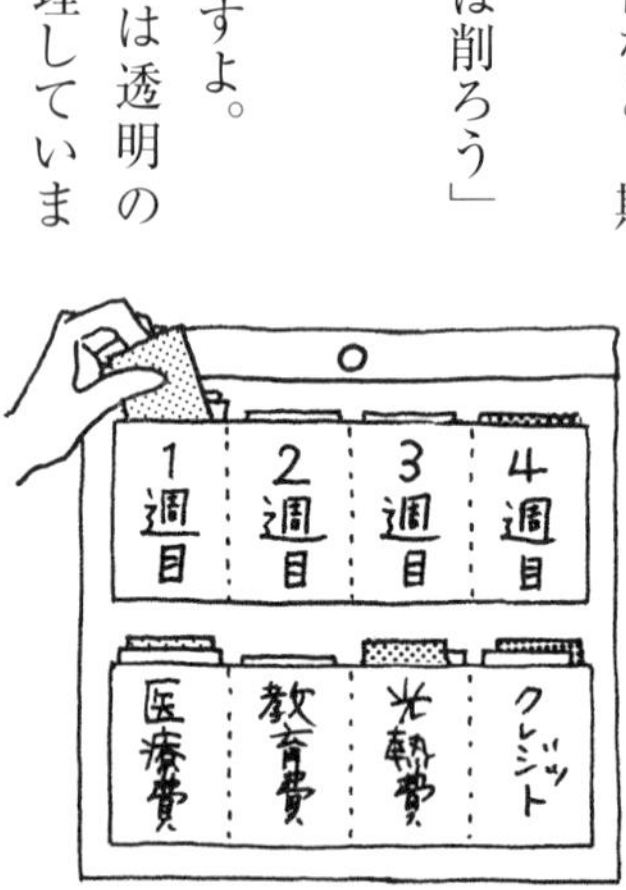

1週目の終わり頃、お財布にお金がなくなって2週目のポケットに手が伸びたとき、

「あっ、今週は使い過ぎた！」と気づくことができます。透明なので「残高がいくらあるか」がひと目で分かるのもよいところです。お金を抜き取った後のポケットの中に、その週のレシートを入れておいて、後でチェックするという使い方もできますよ。

◇ポイント：銀行（ＡＴＭ）からお金を引き出すのは予算で決めた額を毎月１回だけ。それを項目別に分けて管理し、それ以上は使わないこと！

予算が余ったら、「自分へのご褒美」にしたり、「翌月のお楽しみ代」にプラスしたりするのもＯＫ。節約のがんばり過ぎはストレスのもと！「どうやったら楽しくお金を使うことができるか？」を１番に考えて予算を立てましょうね。

☆ワンコインで大満足の節約レシピ

毎日必ずかかるのが食費。家族の健康を考えると、食費の節約は避けたいところですが、給料日前で「ちょっとお財布が心もとない」ってこともありますよね。そんな時役に立つ、簡単・節約レシピをご紹介します。育ちざかりの男子2人を育てるママにご協力いただきました。

◎**アルゼンチンのカツ “ミラネサ Miranesa”**

材　料：

鶏むね肉２～３枚、卵１個、小麦粉 30g、サラダ油（下味用）大さじ１、ニンニク ひとかけ、パセリ刻んだもの 大さじ２くらい、パン粉 適量、レモン汁 お好み、サラダ油（揚げ用）、塩・コショウ適量

作り方：

① 鶏むね肉を開いて薄くし、お好みの大きさに切り、塩・コショウで下味をつけておく。

② 溶き卵に小麦粉、すりおろしたニンニク、パセリ、サラダ油（下味用）を加え衣を作り、①を漬け込む。

③ ②の肉にたっぷりのパン粉をまぶして油で揚げる。

④ お好みでレモン汁をかけて食べる。

～割安なむね肉が、ボリューム満点のごちそうに！お子さま好みのお味ですよ。～

◎**大根の塩こうじ漬け**

材　料：

大根 ⅓本、しそ５枚（千切り）、塩こうじ 大さじ3、きざみ塩昆布 大さじ２

作り方：

① 大根をいちょう切りにする。

② 材料をビニール袋に入れ、混ぜ合わせて 30 分以上おいておく。

～これだけで、ごはんがモリモリすすみます。～

◎わが家のお好みチヂミ

材　料：

合いびき肉 100g（豚肉も可）、にら ½ワ、玉ねぎ ½個、人参 ¼本

★薄力粉 150g、★片栗粉 大さじ3、★塩 小さじ1、★水1カップ、★卵1個

作り方：

① にらは5㎝幅に切る。玉ねぎは薄切り、人参は千切りにする。

② ボウルに★の生地を混ぜ合わせ、肉・野菜を加え混ぜる。

③ フライパンを熱し油をひいて、②を大さじ1杯強流し入れて焼く。（お好みで大きく焼いて後で切ってもよい）

④ チヂミのたれ、ポン酢で召し上がれ！　野菜は季節の野菜なんでもＯＫです。

○チヂミのたれの作り方

下記材料をすべて混ぜるだけ

しょうゆ 大さじ2、酢 大さじ1.5、砂糖 小さじ1、豆板醤 小さじ1、ゴマ油 小さじ1、ラー油 少々、ゴマ 適量

～簡単に作れて、お野菜も
しっかりとれて栄養価も
抜群！～

【2】1か月の家計が把握できたら、次は年間の収支を出してみよう！

毎月の支出がだいたい分かれば、年間を通してどれだけ支出があるのかを計算します。

「毎月の支出×12か月」ならば分かりやすいのですが、**支出には、「毎月の支出」の他に、「年に1回〜数回だけの支出」もあります。**毎月のお給料でのやりくりとは違い、「ボーナス払いするもの」というイメージでしょうか？

年間の収支を把握するのに便利なのが、「家計管理シート」（58・59頁参照）**です。このシートを使って「毎月の支出」と「年に1回から数回の支出」を別々に整理して表にまとめます。これらを分けて考えることによって家計管理が、しやすくなります。**

一見簡単そうに見えますが、それぞれの支出が分からないと数字を埋

●毎月の支出の例

食費・水道光熱費・通信費・おこづかい 生活雑貨・教育費・住宅関連費（家賃・住宅ローン） 保険料・駐車場代・ガソリン代　等

●年に数回の支出の例

衣類・家電買い替え・旅行費用・交際費・帰省費用 自動車税・自動車保険・車検費用・固定資産税　等

められないので、やってみると思った以上に難しいことが分かります。「**毎月の支出**」部分から埋めていくなど、少しずつ作り上げていきましょう。

年間収入から年間支出を差し引けば、1年間でどれくらい貯蓄ができるかが分かりますね。実際にできた貯蓄額と家計管理シートの収支の額がかけ離れていたら「使途不明金」がたくさんあったということ。どこが違っていたのか振り返りが必要ですね。

「**年間の収支**」がある程度把握できれば、次は上級編です。○○会社の社長さんになったつもりで、同じシートをもう1枚用意して「**来年の予算案**」を立ててみましょう。「**来年の貯蓄額目標**」が決まれば、**それを達成するために、どう取り組んでいけばよいか、道筋が見えてきますね。**

いかがですか？　家計管理シートもはじめから完璧を目

●家計管理シート（記入例）

年間支出表

項　目	内　容	毎　月	年に数回	年間合計
基本生活費	食費	50,000		600,000
	水道光熱費（電気・ガス・水道等）	20,000		240,000
	通信費（電話・プロバイダ等）	18,000		216,000
	新聞代・NHK受信料	8,000		96,000
	生活費（日用雑費・雑誌等）	30,000		360,000
	夫・妻・子ども　おこづかい	40,000		480,000
	娯楽・レジャー・外食等	10,000		120,000
	衣　類		200,000	200,000
	医療費		30,000	30,000
			小　計	2,342,000
住宅関連費	家賃・住宅ローン	100,000		1,200,000
	固定資産税・管理費等	10,000		120,000
			小　計	1,320,000
教育費	学校教育費		50,000	50,000
	子ども　A	10,000		120,000
	子ども　B	30,000		360,000
			小　計	530,000
車関連費	駐車場代	10,000		120,000
	ガソリン代	6,000		72,000
	通行料	3,000		36,000
	自動車税		40,000	40,000
	自動車保険料		20,000	20,000
	車検費用		50,000	50,000
	その他			
			小　計	338,000
保険関連費	生命保険料	30,000		360,000
	損害保険料			
	個人年金保険料	5,000		60,000
			小　計	420,000
その他	交際費		100,000	100,000
	帰省・旅行費用		80,000	80,000
	電化製品・家具の買い替え等		50,000	50,000
			小　計	230,000
A．総支出				**5,180,000**

年間収入表

名　前	収　入	所得税住民税	社会保険料	1年間の手取り収入
福々まるお	給　料			5,800,000
B．総収入				**5,800,000**

貯蓄できる額　B－A＝5,800,000円－5,180,000円＝620,000円

●家計管理シート（書き込み用）

年間支出表

項　目	内　容	毎　月	年に数回	年間合計
基本生活費	食費			
	水道光熱費（電気・ガス・水道等）			
	通信費（電話・プロバイダ等）			
	新聞代・NHK受信料			
	生活費（日用雑費・雑誌等）			
	夫・妻・子ども　おこづかい			
	娯楽・レジャー・外食等			
	衣　類			
	医療費			
			小　計	
住宅関連費	家賃・住宅ローン			
	固定資産税・管理費等			
			小　計	
教育費	学校教育費			
	子ども　A			
	子ども　B			
			小　計	
車関連費	駐車場代			
	ガソリン代			
	通行料			
	自動車税			
	自動車保険料			
	車検費用			
	その他			
			小　計	
保険関連費	生命保険料			
	損害保険料			
	個人年金保険料			
			小　計	
その他	交際費			
	帰省・旅行費用			
	電化製品・家具の買い替え等			
			小　計	
A．総支出				

年間収入表

名　前	収　入	所得税住民税	社会保険料	1年間の手取り収入
B．総収入				

貯蓄できる額　B－A＝　　　円－　　　円＝　　　円

指す必要はありません。ただ、トライしてみることによって、あなたのお金を管理する感覚は、少しずつ磨かれていくはずです。できることから少しずつはじめてみてくださいね。

☆他のご家庭はどうなっているの？　気になる「平均値」は？

主婦向けのセミナーで、

「みなさんのご家庭の食費は1か月いくらくらいですか？」と私が問いかけると、

「うーん……いくらだったかな？」とみなさん。

「ちなみに、4人家族の場合の平均値は……」と私が話し出すと、ササっとペンを走らせる音が響きます。

私も含め、日本人は特に「平均値」に弱いみたいですね。他のご家庭と比べてどうなのか、確かに気になりますよね。

「ちなみに、4人家族のご家庭の、1か月当たりの食費の平均値は、約7万6000円です」（平成25年・総務省の家計調査結果より）

どう感じますか？　多いですか？　少ないですか？

この数値は、「酒代」や「外食代」も含んだものですので、かなり大雑把な数字です。

また、「４人家族」といっても、幼児が2人の4人家族と、中高生の男子が2人いるご家庭とを比べたら、食べる量はだいぶ違いますよね。

「わが家は４人家族ですが、どうしても食費が月々10万円以上かかります」という人もいれば、「５人家族ですが、４万円あれば十分です」という人もいらっしゃいます。

ちなみに、10万円かかるという方は、「オーガニックや無農薬、産地が知れた安全なものしか買わない」というこだわりを持つ主婦の方でした。「やっぱり高過ぎますよね〜」と、申し訳なさそうに話されていましたが、「食費に対する価値観」は人それぞれ違いますよね。「家族の健康のために食材にはこだわりたい」というのも、素敵なことだと思います。

いくらならば正解、という答えはありません。大事なのは、価値観にあった食生活を送ることができていて、無理なく、無駄にすることなく予算の範囲内でやりくりできているかです。

食費に限らず、世の中には、さまざまな「平均値」や「データ」が飛び交っています。

周りは確かに気になりますが、あまり振り回されないように、しっかり自分の目で確かめて、納得できる暮らしをするのが理想だと思います。

【3】固定費を見直して、家計をスリム化しよう

「固定費」とは、毎月決まって出ていく支出のこと。**代表的なものとして、「保険料」「通信費」「自動車関連費」「住宅ローン」などがあります。**食費など毎日の支出や水道光熱費などを節約しても大幅に支出を減らすのは難しいですが、**「固定費を見直す」ことでずい分家計を楽にできるかもしれません。**「住宅ローン」は持ち家の人に限られるので、ここではそれ以外の3つの見直し方法を考えてみましょう。

1．保険料の見直し

保険は「人生の中でマイホームの次に大きなお買い物」ともいわれます。**「万一の時や、病気になった時に備えて、お守り代わりに」と、入った保険が家計の負担になってしまうことがあります。**

●１世帯の年間払込保険料

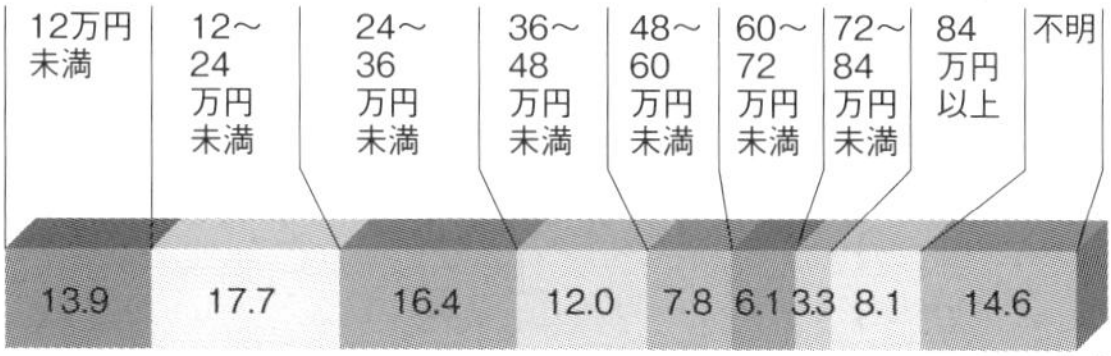

※年間払込保険料は、民間の生命保険（かんぽ生命を含む）、簡保、JA、生協、全労済の計。一時払い・頭金の保険料は除く（生命保険文化センター「生命保険に関する全国実態調査」／平成24年度）

上記は生命保険文化センターが行った調査結果です。平成24年度の１世帯の年間払込保険料（個人年金保険も含む）は、平均41・６万円（男性24・１万円、女性18・２万円）で、月額にすると３万５０００円弱になります。

仮に、この41・６万円を世帯主が30歳から60歳までの30年間払い続けると、１２４８万円にもなります。ちょっとした中古マンションなら買えそうな金額ですね。マイホームを買う時は「大きなお買い物だからじっくり考えて」と、いろいろ比べたり悩んだりするけれど、保険の場合、「いつでもやめられるから」とか、「知り合いにすすめられたから」という理由で簡単に契約する人が多いように思います。

保険が不要というわけではありません。子育て世代は特に「世帯主に万一のことがあった場合の保障」は大切です。ただ、「必要以上に大きな保険に入っていたり、保険料を払い過ぎていたり」という方は見直ししたほうがよいでしょう（具体的な見直し例は第4章【2】参照）。

2．通信費の見直し

ひと昔前と比べて、家計支出に占める割合が大きく増えているのが「通信費」です。携帯電話が身近なものになりはじめたのが20年前頃でしょうか。家庭用のパソコン（パーソナルコンピューター）も普及しはじめ、いつのまにか私たちの生活に欠かせないものになりましたね。もうやめることはできないのならば、**これからは「携帯電話などの通信機器と上手に付き合うにはどうすればよいか？」を考えるほうがよさそうですね。**

最近では、家族全員がスマートフォンを1台ずつ持つなど、1世帯で数万円の通信費がかかるというご家庭もあります。他にも、固定電話やパソコン、ケーブルテレビなど、いろいろな通信機器がありますね。

ここで一度、「通信費に無駄がないか?」次の項目をチェックしてみましょう。

□通信費（携帯電話や固定電話）の請求書は毎月封を開けて（またはネット上で）確認していますか?
□契約は利用頻度に合った料金プランになっていますか?
□家族割や学生割、バリュープランなどの割引サービスを活用していますか?
□使わないアプリの代金を支払い続けていませんか?
□気軽に通信ゲームやネット通販でお買い物をしていませんか?

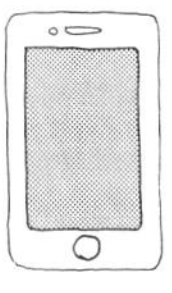

最近は、ＭＶＮＯ（※）と呼ばれる「格安スマホ」も登場し、利用者が増えています。それに対抗して、従来の大手携帯電話会社も新しいおトクなプランを提供しはじめるなど、今後も価格競争が激しくなりそうです。古い契約では、割高な通信料のまま支払い続けることになりかねません。**時代に乗り遅れないように、携帯電話の契約内容は**

定期的にチェックするようにしましょうね。

※MVNO（仮想移動体通信事業者）…自前の回線を持たずに他の事業者から借りて通信サービスを提供する割安通信会社。

3. 自動車関連費の見直し

週末のドライブや家族旅行、子どもの塾の送り迎え、大型スーパーでのお買い物などに欠かせないマイカー。「必需品＝あって当たり前」という感覚であまり気に留めていないという人も多いようですが、家計支出の中で思った以上に大きな割合を占めていることがあります。

車関連の支出については、「購入時のまとまった費用（車体代＋税金等）」ばかりに目がいきがちですが、「購入後のランニングコスト」もしっかり知っておく必要があります。

6年前にマイカーを購入した「まるおさんの車」にかかる1か月当たりの費用（購入費用含む）を計算してみましょう。

☆まるおさんのケース（首都圏在住・4人家族）
・所有する車…ワンボックスカー（排気量2500CC。新車で購入し、6年間所有）
・レジャーのみで利用（週末のドライブや平日のお買い物程度に利用。※10年で買い替える予定）

初期費用（車代＋税金等）は300万円なので、所有予定期間の10年間で割れば、1か月当たり2.5万円支出してきたことになります。車を所有するためのランニングコストは、毎月かかる「駐車場代・ガソリン代」、毎年かかる「自動車税・自動車保険代」の他に、「車検代」「洗車・備品代、タイヤ買い替え代」など、月々にすると5万円程度になります。この初期費用とランニングコストを合計すると月々約7.5万円、年間で90万円程の支出になります。

その他に、有料道路の通行料やレジャー施設での駐車代、故障した時のメンテナンス費用などもかかりますよね。

こうやって計算してみると、車に関わる支出って意外に大きいものだと思いませんか？　一度、みなさんのマイカーならいくらになるか計算してみてくださいね。

●自家用自動車関連費の支出

出費項目	支出額	1か月当たりの額	あなたの車は？
購入費用（税金込）＊1	300万円 （300万円÷10年÷12か月）	25,000円	
（A）初期費用（1か月当たり）		25,000円	
駐車場代	毎月25,000円	25,000円	
ガソリン代	毎月10,000円	10,000円	
車検代	約12万円 （2年に1度・12万円÷24か月）	5,000円	
自動車税	約45,000円 （4.5万円÷12か月）	3,750円	
洗車・備品代等	年間24,000円 （2.4万円÷12か月）	2,000円	
タイヤ買い替え	3年ごとに60,000円 （6万円÷3年÷12か月）	約1,700円	
自動車保険＊2	自家用自動車総合保険 年間36,000円	3,000円	
（B）ランニングコスト合計額（1か月当たり）		50,450円	
1か月当たり合計額（A＋B）		75,450円	
年間合計額	7.545万円×12か月＝90.54万円	⇒概算90万円	

※計算は100円未満四捨五入、概算数値。
※購入費用には税金など諸経費を含む。
＊1　購入費用の1か月当たりの額は10年で買い替えると想定して10年間で案分。
＊2　自動車保険は毎年変動するため平均値で算出。

「ランニングコストを下げるためのよい方法」は、「エコカーに乗り換える」ことです。最近は１リットルで30キロ以上の走行ができるエコカーもかなり増えてきました。例えば、１リットルで10キロ走行ができる車で毎月ガソリン代が３万円かかっていた場合、１リットルで38キロ走行可能な「エコカー」に乗り換えると、ガソリン代は月々約８０００円で済むので、年間で26万円以上も安くなる計算になります。

「車を持たない」という選択肢もあります。ただ、マイカーが無いと、外出や買い物、旅行の際に公共交通機関を利用することになるので、電車やバス、タクシー代などがプラスとなります。まるおさんのケースでも、単純に毎月７・５万円程度の支出減とはなりませんが、トータルで考えると家計支出を大幅に減らすことはできるでしょう。

「10年以内にマイホームを買いたいけれど、家計がキッツキツで頭金すら準備できない」「教育費がかさんで毎月の家計が赤字に転落」などといったご家庭の場合は、思い切って車を手放すということも検討してみましょう。

マイカーに対する価値観は、ご家庭によってそれぞれ違います。**みなさんもこの１年**

間を振り返って、車を所有することによりどれだけ支出があったのか？　また車がなかったと仮定したら、どのくらい交通費がかかったか？　車があることで得られた満足感と、逆に持たない場合のデメリットを天秤にかけて、一度考えてみてはいかがでしょうか？

☆カーシェアリングってどんなもの？

カーシェアリングとは、マイカーを所有せず1台の車を数人でシェアして利用する方法です。欧米で1980年代から普及がはじまり、2000年に入り日本でもサービスがはじまりました。マイカーを所有するには、購入代金だけでなくガソリン代や車検など所有するためのお金もかかりますよね。コストを抑えてでも車には乗りたいという方のための新しい選択肢として「カーシェアリング」を利用する人が、ここ数年で急速に増えています。

●カーシェアリングを利用した場合のメリット・デメリット

○コストを抑えて車を利用することができる。
○車検や保険など所有することでかかるお金や面倒な手続きが不要。

○駐車場の確保は不要。
×時間的に制約がある。
×長時間利用するとレンタカーよりも高くつく。
×他の人も利用するため、扱いに気を使う。
×車に自分の所有物を置いておくことはできない。

従来からあるレンタカーサービスと似ていますが、その都度申込手続きが必要なレンタカーと違って、カーシェアリングは、登録すれば決まった車を必要に応じて、よりマイカーに近い感覚で利用することができます。

子どものお迎えや週末のお買い物など、月間を通して短時間を数回利用する場合はカーシェアリングがおすすめですが、週末のみの長距離ドライブなどはレンタカーのほうがお得になるケースが多いようです。

どの方法がご自分のライフスタイルに合っているのかを考えたうえで、自動車との付き合い方を考えてみるとよいでしょう。

【4】先取り貯蓄をはじめよう！

家計がある程度把握できて無駄が省けたら、今度は「先取り貯蓄」をはじめましょう。

例えば、「毎月3万円貯蓄する」と決めたら、お給料日に毎月の予算額を引き出す際に、貯蓄用の3万円を別の「貯蓄口座」に移し替えます。

・お金を引き出すのは、「お給料日に決めた額を1回だけ」

・貯蓄用の口座に移し替えるお金は、「はじめからなかったもの」と心得る。

この2つのポイントさえクリアできれば、毎月3万円の貯蓄で「1年後の貯蓄口座」には36万円貯まっていることになりますね。また、**自動的にお金が貯まっていくしくみさえつくってしまえば、残りのお金は自由に使っていいので、ストレスも溜まりませんよね。**

確実に貯めるには、自動引き落としの積立貯蓄がおすすめです。給料振込みがある銀行の窓口や、郵送・インターネットなどでも手続きできますので、確認してみてくださ

いね。

貯蓄をするときにもう1つ大切なのは、「目標」を決めることです。

「子どもが進学する5年後までに○円」「マイホームの頭金を貯めるために10年間で○円」などなど。

例えば、「車を買い替えるために、8年後までに160万円貯めたい」という目標を決めたとしたら、「160万円÷8年＝20万円。毎月1万円×12か月、ボーナス時に4万円×2回で合計20万円」などと具体的な貯蓄額を決めます。後は、先取り貯蓄できるしくみをつくるだけ。はじめにきちんとしくみさえつくれば、後は何も考えなくてOK。8年後に楽しみが待っていると思うと、日々のやりくりも楽しくできそうですね。

10年以上先に必要な老後資金などを「少しでも運用して殖やしたい」という場合は、「投資信託」など「リスク性の金融商品」の積立をはじめるという方法もあります。ちなみに「リスク」とは、投資信託などの基準価額が変動する際のブレ幅のことで、変動が大きいものほど「リスクが高い商品」ということになります。「投資信託」は株式や債券に投資する金融商品なので、元本保証はありません。運用が上手くいけば殖えますが、運用が上手くいかないと預けたお金（元本）よりも減ってしまう可能性があります。

また、一口に投資信託といっても、「海外の株式に投資するようなリスクが高いもの」から、「日本国債などを含む比較的リスクが低い債券などで運用するもの」などさまざまです。

それぞれの商品のメリット・デメリットをしっかり理解したうえで、はじめは運用の勉強をするつもりで少額からはじめてみましょう。実際に投資信託を保有して、新聞やネットで気になる値動きをチェックするようになれば、少しずつ経済の流れが読めるようになってきて、「資産運用」するのが楽しみになるかもしれませんよ。

ただ、お子さまの教育資金など、近い将来に使うためのお金は減ってしまうと困るので、「元本保証の預貯金」を利用するのが基本です。「リスク性の金融商品」は、あくま

でも余裕資金で運用するということを覚えておいてくださいね。

☆お金はどこに預ければいい？　ネット銀行と金利の話

子どもの教育資金や老後資金などしっかり貯めていきたいけれど「どこに預けるのが一番いいの？」というご質問をよく頂きます。

銀行、郵便局、保険会社などいろいろありますが、**積立貯蓄をする際に注意してほしいのが「金利」です。特に子どもの大学進学のための資金や、老後資金など長期で積立をするときは、金利が高いか低いかによって将来の額がずいぶん変わってきます。**

最近は、実際の店舗を持たないインターネット専用銀行（ネット銀行）を利用する人が増えています。**ネット銀行の魅力は「金利の高さ」です。**金融機関により差はあるものの、大手銀行の10倍ほどの金利になっています。

例えば、お子さまの大学進学資金を貯めるために、毎月2万円ずつ17年間積立をするケースで比較してみましょう。

ネット銀行を利用した場合、金利が０・４％（17年間同率複利運用）で積立できれば

●金利差による受取利息の比較（毎月２万円ずつ積立）

銀　行	金　利	17 年後の受取総額（税引き前）	受取利息
タンス預金	0%	4,080,000 円	0 円
大手銀行	0.03%	4,090,471 円	10,471 円
ネット銀行	0.4%	4,222,331 円	142,331 円

受取額は約４２２万円、利息として約14万円プラスされる計算になります。

ここ数年は低金利が続いていますが、金利は、期間が長くなればなるほど、また、預ける額が大きいほど差がつくことも分かりますね。

今後、世の中の金利が上がっていけば、お金を預けるときの金利の影響も大きくなってきます。

ちなみに20数年前、私が大学生になってはじめて銀行で自分名義の口座を作った時の定期預金の金利は６％でした。確か、貯めてきたお年玉20万円分を定期預金に預け、１年後には１万２０００円（税引き前）も利息がつくと聞いて「定期預金ってすごいなぁ！」と感動した記憶があります。今はそんな「高金利」は見かけませんが、少しでも金利が高い金融機関、また、同じ金融機関であっても「普通預金」よりも金利が高い「定期預金」を選ぶなど「金利」を意識するようにすると、将来の貯蓄額がきっと違ってきますよ。

第3章

20代後半〜30代に多いお金の悩み

20代後半から30代は、結婚、出産など、女性にとって人生の中で変化の多い時期です。最近は晩婚化が進み平成24年の平均初婚年齢は女性が29・2歳、男性が30・8歳（平成25年版「厚生労働白書」より）、第1子出産時の平均年齢は30・3歳と、32年前の昭和55年と比較すると3・9歳上昇しています。

子育て主婦の場合、20代後半から30代は、専業主婦、働くママ、いずれにしても子ども中心の生活になる人が多いようです。また、これからの家族の安定した生活のためにマイホームを持つことを考えたり、実際に購入したりすることが多いのもこの時期ですね。

ご家族の将来のためにも、「ライフプランとお金」について、しっかり考えるべき「スタートとなる時期」です。「幸せな家族の未来」を思い描いてみましょう。

【1】赤ちゃんを産むのって、お金がかかるの？

「結婚して数年、もうすぐ30歳になるし、そろそろ子どもがほしい！　でも、子どもができるとたくさんのお金がかかるみたいだし、仕事との両立を考えると、なかなか妊娠・出産に踏み切れない」というお話をよく伺います。

結論から言うと、妊娠・出産だけならお金はそれほどかかりません。というのも、**病院に支払ったりする「出ていくお金」に対して、公的な助成など「入ってくるお金」もかなり見込めるからです。**

第1章でもお話しした「人生における3大資金」の1つに「教育資金」が入っていることからも分かるとおり、「子ども1人を育てるためにかかるお金」は、一般的なご家庭でも1000万円以上にもなります。ただ、そのお金は、子どもが生まれるまでに用意しなければならないものではなく、子どもの成長とともに準備していけばいいお金です。慎重になり過ぎて妊娠・出産を先延ばしにした結果、加齢の影響もあって妊娠しにくくなってしまう可能性もあります。

最近は、少子高齢化が社会問題にもなっており、公的な助成金や、保育園の整備など、子育て環境は良くなりつつあります。世の中の動きや助成制度のことを知っていれば、少しは不安も解消されるのではないでしょうか。

●出ていくお金

・妊娠中にかかる費用

妊娠中に欠かせないのが妊婦健診。健診の回数は妊婦さんの体調や病院によっても差がありますが、妊娠初期〜23週までは月1回程度、24週〜35週は2週間に1回程度、臨月に入ると週1回程度が目安になっており、トータルすると10〜20回程度通院することになります。

一般的に、健診にかかる費用は、1回につき5,000円〜1万円程度ですが、妊婦健診無料券を利用すれば、14回までは無料になりますので、無料券に該当しない検査費用や、15回目以降の検査にかかる費用のみ自己負担が必要になります。

また、妊娠中にトラブルがあった場合などの検査や投薬治療については、別途費用がかかります。

・出産時にかかる費用

出産時の病院や、入院する部屋のタイプ、分娩方法にもよりますが、平均的なお産にかかる費用は30万〜50万円程度です。

正常分娩の場合は健康保険が適用されないため、全額が自己負担になりますが、出産時にトラブルがあって特別な処置を受けたり、帝王切開で出産したりした場合は、健康保険が適用され3割負担となります。

また、民間の医療保険に加入している場合、帝王切開などで条件を満たせば、給付金支払いの対象となることがあります。

(「医療保険」については、第3章【4】参照)

●入ってくるお金

・妊婦健診無料券

少子化対策の一環として、厚生労働省は平成21年より原則として、健診14回分の費用の無料化を打ち出しました。平成25年4月に厚生労働省が行った調査によると調査対象となったすべての自治体において、14回以上の無料健診が実施されています。ただ、検査項目の範囲などに関しては各自治体に委ねられていますので、詳細はお住いの自治体の制度を確認してくださいね。

・出産育児一時金：42万円（1児当たり）
<全国健康保険協会（協会けんぽ）の場合>

妊娠・出産は病気ではないため、費用は基本的には自己負担になりますが、健康保険に加入していれば、1児につき42万円（協会けんぽの場合）の出産育児一時金を受給することができます。

夫の被扶養家族である妻が出産した場合は、夫が健康保険に加入していれば、家族出産育児一時金として同額を受け取ることができます。

組合管掌の健康保険などに加入されている方は給付額が異なることがありますので、勤務先の健康保険組合にご確認ください。

なお、「出産育児一時金直接支払い制度」を利用すれば、医療機関の窓口で支払う出産費用は、出産育児一時金を上回った額のみとなりますので、多額の出産費用を用意しなくて済みますね。

・出産手当金

（本人が健康保険に加入している場合）

健康保険に加入している本人が出産のために仕事を休み、給与が支払われない場合は、出産日（予定日より遅れた場合は予定日）以前42日から、出産の翌日以後56日までの間、出産手当金が支給されます。

支給額は1日につき標準報酬日額（標準報酬月額÷30日）の3分の2相当です。

・育児休業給付金

（雇用保険に加入している一般被保険者で休業開始前の2年間に賃金支払基礎日数が11日以上ある月が、12か月以上ある場合）

1歳または1歳2か月（パパママ育休プラス制度を利用する場合）未満の子を養育するために育児休業を取得し、給与が一定水準を下回った場合、休業開始時賃金月額の40%（当分の間は50%）が支給されます。

原則は子が1歳に達するまでですが、保育園に入所できないなどの場合は1歳6か月未満まで延長されます。

・児童手当

児童の年齢	児童手当の額（1人当たり月額）
3歳未満	一律15,000円
3歳以上 小学校修了前	10,000円 （第3子以降は15,000円）
中学生	一律10,000円

※児童を養育している方の所得が所得制限限度額以上の場合は、特例給付として月額一律5,000円を支給します。
（厚生労働省ＨＰより抜粋）

日本国内に住む0歳以上から中学校卒業までの子どもの養育者に対して、2月、6月、10月に4か月分ずつ支払われます。

赤ちゃんが誕生した際は、お住いの自治体で児童手当の認定請求が必要になります。出生届を出し、出生日から15日以内に認定請求すれば、出生月の翌月分から支給されます（出生日や転入した日が月末に近い場合は、申請日が翌月になっても異動日の翌日から15日以内であれば、申請月分からの支給）。

なお、児童手当には所得制限があります。夫婦2人、子ども2人のモデルケースの場合の収入額の目安は960万円となっていますが、扶養親族の数や就労状況などによって異なりますので、お住いの自治体で確認してくださいね。所得制限を超えた場合は、児童1人当たり月額が一律で5,000円の支給になります。

子どもができれば、それまでとは生活がガラッと変わります。妊娠・出産だけでなく、その後の暮らし方、例えば「産休や育休を活用して仕事と両立する」「専業主婦として子育てに専念する」など、出産後のライフプランを考えることも大切ですが、まずは、「出産する際にどの程度お金がかかるのか、また、どのような助成が受けられるのか」からみてみましょう（「主婦の働き方」については、第4章【5】参照）。

私が出産した11年前と比べると、助成制度も充実し、お産自体にかかる費用はかなり軽減されています。**妊婦健診が14回無料となり、お産にかかった費用が42万円以内に収まれば、ほとんど自己負担することなく出産できることになりますよね。**

ただ、赤ちゃんが誕生すれば、産着やオムツ、粉ミルクなどの消耗品から、ベッドやチャイルドシートといった赤ちゃんグッズ、お祝い返しなどの出費がかさむこともありますので、ある程度のお金の準備は必要でしょう。

「出産＝子育てのはじまり」です。本当にお金がかかるのは「子どもが経済的に自立するまでのこれからの長い期間」です。

次の【2】では、子どもにかかる教育資金について見てみましょう。

☆不妊治療の話

妊娠・出産の費用や教育費と違って、計画的に準備するのが難しいのが「不妊治療にかかるお金」です。赤ちゃんがほしくても授からないというカップルは年々増え続け、現在は7～8組に1組の割合のカップルが不妊ともいわれています。

不妊治療のしんどいところは、いくら努力しても明確なゴールが見えないということ。いつか赤ちゃんが授かるまでと夢見て、数年にわたって治療を続けたけれど夢はかなわず、結果数千万円かかったというケースもあります。

不妊治療というと、1回30万円以上もかかるといわれる「体外受精」が最初に思い浮かびますが、その他にも人工授精や排卵誘発剤などのホルモン療法、子宮内膜症や卵管不妊、男性不妊の治療など、さまざまな治療方法があります。また、健康保険が適用できない治療も多く、治療費が高額になりやすいという傾向があります。

なお、体外受精や顕微授精については、国が「不妊に悩む方への特定不妊治療費助成事業」を行っており、1回当たり15万円（年2回まで、通算5年まで）助成を受けることができます（平成26年4月以降年齢制限が設けられています）。自治体によっては、それ以外に助成制度を設けているところもありますので、お住まいの自治体にご確認くださいね。

私自身も不妊治療を経験しました。幸い3年ほどの治療で第1子に恵まれました。第1子出産2年後より再び通院治療をはじめましたが、2年間の通院もむなしく2人目の赤ちゃんに出会う夢はかないませんでした。

1人目を妊娠に成功させてくれた病院は、かなり有名なクリニックで、他府県から通院している人も多く、予約していても待ち時間は2～3時間はざらでした。健康保険は適用されず、排卵誘発剤とホルモン療法などで毎回数万円の治療費がかかっていました。

2人目不妊で通っていたクリニックは健康保険が適用できる婦人科で、毎回の治療費は数千円でした。病院や治療方法によってかかる費用がずいぶん違うことが分かりました。とはいえ、赤ちゃんはお金には代えられませんし、いくらかければ上手くいくのか、どの治療が適切なのか、正解はありません。また、不妊治療は金銭面だけでなく、精神的・身体的な負担も伴います。

ちなみに、第1子を授かることができた実績のあるクリニックに、なぜ2人目不妊でかからなかったかには理由があります。「待ち時間が長い」「お金がかかる」もありましたが、それ以上に「第1子を連れていける雰囲気ではなかった」からです。それほど「深刻な不妊治療の現場」は精神的に張りつめた雰囲気だったのです。

通院治療は体調のリズムに合わせて行うため、仕事との両立が難しくなるケースもあり、仕事を辞めてしまってさらに金銭的な負担が増す、という悪循環に陥ることもあります。

「いくらかかっても何歳になっても、子どもが授かるまでは」と努力されるご夫婦もあれば、「経済的な負担から予算を決めてそれが尽きるまで治療をする」「40歳になるまでに妊娠しなければあきらめる」など、決めて取り組まれるご夫婦もいらっしゃいます。

不妊治療をしているカップルの場合、治療にかかる費用を予測するのは難しいですが、将来のライフプランを考える際は「子どもがいない場合の人生」も想定したうえで、ある程度の予算や期間を決めることが必要な場合もあるのかもしれません。

【2】教育資金って、いつまでにどれくらい準備すればいい？

子どもが生まれたらすぐはじめたいのが「教育資金の準備」です。「教育資金」は、「人生における3大資金」である「住宅資金・教育資金・老後資金」のうち、**「最も計画的に準備しやすい資金」**です。子どもは急には成長しません。6年後に小学校、12歳になったら中学校、そして高校、最もお金がかかる大学進学は出産から18年後あたりにやってくるということが予想できますね。ざっくりとしたライフプランを描いて、少しずつ準備をはじめましょう。

実際、誕生から2歳くらいまでは、オムツやミルク、衣類などの費用がかかる程度なのでピンときませんが、3歳になって幼稚園を私立にしようか、公立にしようかなどと考えはじめる頃から、「子どもってお金がかかるんだなぁ」と実感がわいてくる人が多いようです。

ちなみにうちの娘は今11歳ですが、生まれたての頃、「こんなにかわいい手のひらサイズの小さな赤ちゃん」が、「私の1・5倍も食べる」これほどの存在感になるとは想像がつきませんでした（笑）。公立小学校に通っているので、学校教育費はそれほどかかりませんが、お稽古事代や衣料費、そして食費など、赤ちゃんの頃とは比べものにならないほどお金が出ていきます。

中高生になると、塾代や部活代に加えて、ますます食費もかさむようになります。子どもが高校2年・3年生になってから大学や専門学校へ進学するためには、かなりの大金が必要であることを知って慌てる人も少なくありません。

では、実際にかかる「教育費」と「準備の方法」について考えてみましょう。

91頁の表は、文部科学省が行っている学習費に関する調査結果です。**幼稚園から大学まですべて公立の学校に通った場合にかかる教**

育費用は総額約723万円、すべて私立だと、2000万円以上にもなるとも試算されています。

この表は幼稚園からの教育費になっていますが、最近は共働きのご家庭も多く0歳から保育園代がかかるケースも増えています。保育園代に関しては、公立か民間か、保護者の収入状況や子どもの年齢によって違いますので、最寄りの保育園や自治体にご確認くださいね。

この表のうち、幼稚園から高校までの数値は、学校に納める学費だけでなく、学習塾やピアノ、水泳といったお稽古事代も含めた金額の全国の平均値ですので、ご家庭の教育方針やお子さまの個性によってもずいぶん違いがでそうです。

「うちは塾もお稽古事もまったくさせない！」という方針であれば、かなり支出を抑えることはできますが、いろいろなお稽古事をしている周りのお友達から刺激を受けて、本人が「○○をやりたい」と主張するようになれば、子どもの可能性を伸ばしてあげたいのが親心。やっぱり応援したいですよね。ただ、お稽古事はいったんはじめると長く続く可能性もあるので（続かない可能性もありますが…）、その時だけでなく、将来に

●幼稚園から大学までにかかる教育費

	公　立（大学は国立）	1年当たり	私　立	1年当たり
幼稚園	46.0万円	23.0万円	146.1万円	48.7万円
小学校	183.6万円	30.6万円	853.2万円	142.2万円
中学校	135.0万円	45.0万円	388.5万円	129.5万円
高　校	115.8万円	38.6万円	290.1万円	96.7万円
大　学	242.5万円	60.6万円	385.7万円	96.4万円
トータル	722.9万円		2,063.6万円	

（文部科学省のデータをもとに作成）
・幼稚園〜高校「子どもの学習費調査（平成24年度）」
（公立幼稚園は2年保育、私立保育は3年保育で試算）
・大学は入学金を含む4年間の授業料。私立の数値は文系の平均値。文部科学省調べ（平成25年度）「私立大学入学者に係る初年度学生納付金平均額調査」
・国立大学は平成25年度標準額（年額535,800円、入学料282,000円）

わたっての家計負担も考えることが大事です。

「高校までの学校や塾等にかかる費用」は、公立であれば年間30万〜45万円程度、月額にすると2・5万円〜3・8万円程度なので、日々の家計の中でやりくりできる範囲内にとどめるのが理想的です。

　一方、大学にかかる費用は、高校までと比べるとかなり高額になります。この表における大学にかかる費用は、実際に納める4年間の授業料（私立は文系）の平均値なので、この金額にプラスアルファで教材や文具などの費用がかかります。ただ、大学は文系・理系、専門学校、短大、4年制大学かなどによってもかなり授業料が違いますので、あくまでも目安として考えてくださいね（「大学進学にかかる具体的な費用」については、第5章【1】参照）。

「まとまったお金が必要になる大学や専門学校の費用」は、子どもが小さい頃から計画的に貯めていくのが基本です。 特に、大学進学の頃は保護者が定年間近にあたることも多いので、老後資金を準備するためにも、その時期の急な出費は避けたいですよね。**推薦入試で進学先が決まる可能性も想定して、大学、専門学校等への進学資金は、高校3年生の秋頃までに用意できるように、次のモデルケースを参考に準備をはじめましょう。**

★私立大学に４年間通うと想定し、「目標の４００万円を高校3年生の秋頃」までに、少し余裕をもって17年間で貯める方法

①積立貯蓄をする

こつこつと毎月一定額を積み立てる方法です。17年後に４００万円貯めるにはどうす

● 17年間積立てしたケース

400万円÷17年間÷12か月 ≒ 19,608円

お子さまの誕生月から、毎月2万円ずつ積立てすれば、17歳（高校2年生）の誕生日時点で408万円貯蓄できることになります。

【積立貯蓄】

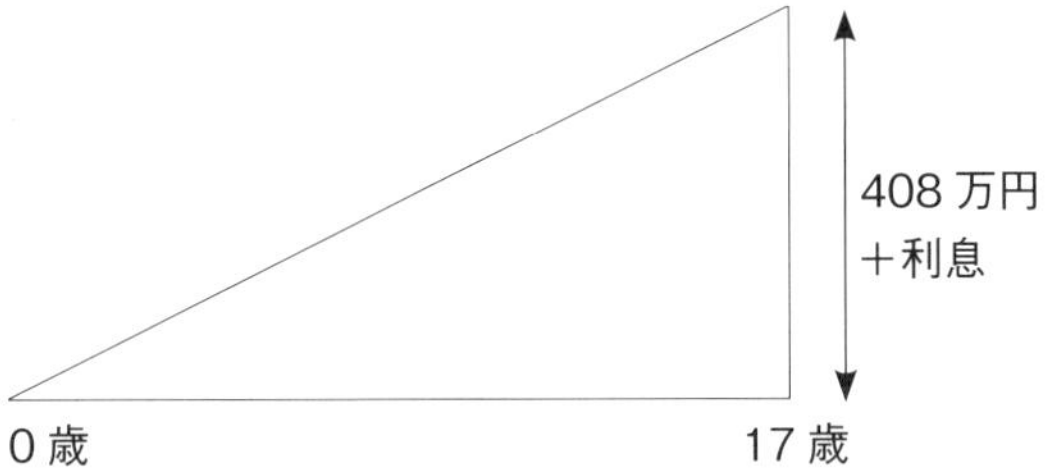

ればよいか、単純に割算してみます。

積立貯蓄をする際に、注意していただきたいのが「金利」です。特に大学資金は、17年間など長期の積立てになりますので、ネット銀行など金利が高い金融機関を利用するとよいですね（ネット銀行については第2章【4】「☆お金はどこに預ければいい？　ネット銀行と金利の話」参照）。

17年という長いタームになりますので、何らかの事情で家庭環境が変わったり、急遽お金が必要となったりする可能性もありますが、**貯蓄のメリットは自由に引き出したりすることができる「流動性」**ですので、どうしても

お金が必要な場合は取り崩して使うこともできます。

また、積立期間中に金利水準が上がり、より有利な金融商品が出てくれば、預け替えをしてさらに利息を増やすこともできますね。

②学資保険を活用する

学資保険のよいところは、契約者（子どもの父親と想定）に万一のことがあった場合でも、保障機能がついているので以後の保険料を払うことなく契約保険金（教育費用）を受け取ることができるという点です。次頁の図は契約者が父親（30歳）のケースです。実際は契約者の年齢や性別によって保険料が異なります。毎月保険料を払って積み立てる点では、「積立貯蓄」と大きな差はないですが、**万一の時に備える保障機能がついていて、少し増加率がよいというメリットがあります。**

デメリットは、**途中で解約してしまうと戻ってくる解約返戻金が、一般的にそれまでに支払った保険料の合計額を下回ってしまうこと。また長期の固定金利の商品なので、積立てしている間に世の中の金利水準が大幅に上がると「通常の貯蓄で積み立てたほう**

●A社の学資保険のケース

・契約者：30歳（男性・父親）
・被保険者：０歳（誕生月に契約）
・17歳満期
・月々の保険料：19,614円
・総払込額：4,001,256円
（19,614円×12か月×17年間）
・受取総額：4,200,000円
（戻り率　約105％）
（高校入学時70万円、大学入学時140万円、以後、大学２、３、４年生時に70万円ずつ受取り）

【学資保険】

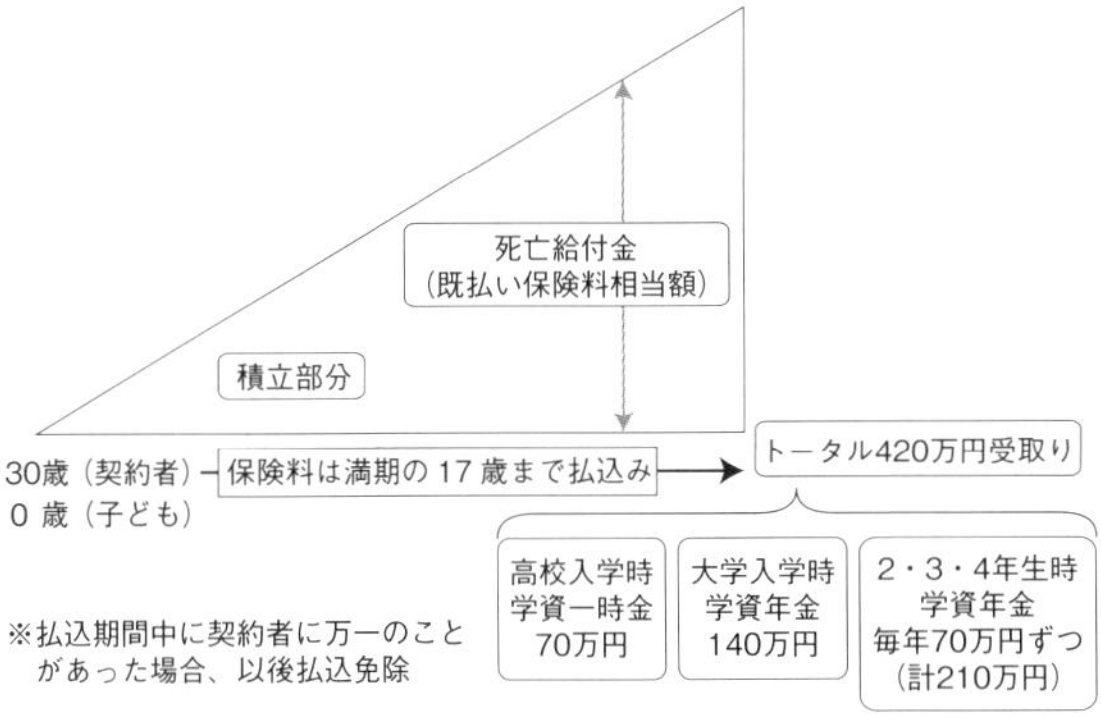

が利息がたくさんついて増えたのに……」ということになる可能性もあります。

積立貯蓄における「金利」と同じように、学資保険を選ぶ時にも気をつけてほしいのが、満期時の受取総額の「戻り率」です。A社の場合、17歳の時に払った総額の105％、つまり5％ほど受取り額が増えますが、保険会社によっては支払った保険料よりも戻ってくるお金がマイナスになってしまうものもあります。なお、「戻り率」は、保険料の払込期間や受取り方、保障内容によって変わってきますので、**一番条件に合った内容で、戻り率が高い商品を選ぶようにしましょう。**

③低解約返戻金型の終身保険を活用する

保護者が契約者（子どもの父親と想定）となって終身の生命保険に加入する方法です。契約者である保護者（父親）に万一のことがあった場合は、死亡保険金を受け取ることができるため、それを教育費用に充てることができます。万一のことが起こらず契約した期間の保険料を払い込めば、それ以降は払い込んだ額以上のお金を解約返戻金として受け取ることができます（次頁図参照）。

●B社の低解約返戻金型終身保険のケース

・死亡保険金額：700万円（終身保障）
・契約者・被保険者：30歳（男性）
・保険料払込期間：16年間
・月々の保険料：21,532円
（17年後の受取額を考慮して16年間で払込み）
・総払込額：4,134,144円
（21,532円×12か月×16年間）
・受取総額（解約返戻金）：
17年後　4,500,300円（払込満了後１年間据え置き）
約37万円プラス
20年後　4,664,800円（被保険者50歳）
約53万円プラス
30年後　5,227,600円（被保険者60歳）
約109万円プラス

【低解約返戻金型終身保険】

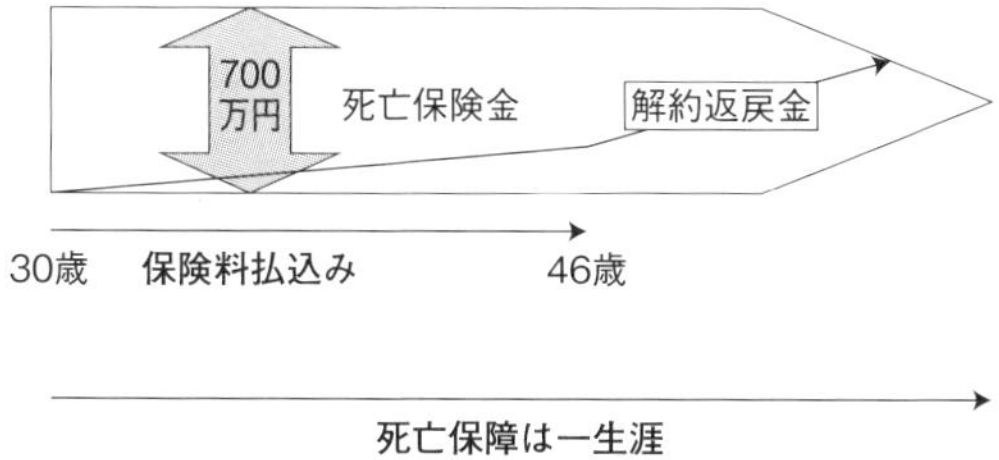

※契約者が47歳の17年後以降に解約すると受取総額が増えていきます

生命保険ですので、契約者の年齢や性別によって保険料が異なります。**この保険のメリットは、「学資用に限定されない」という点。**17年後にお金が必要でなければ、そのまま据え置くこともできます。据置期間中は解約返戻金額が増えていくので、その先の老後資金のためにとっておくことができます。また、終身保険なので契約後は解約しない限り700万円という死亡保障が続きます。

デメリットは、学資保険と同じで、払込期間中に解約すると、解約返戻金が支払保険料の総額を下回ってしまうところ。保険の申込みをする際は、保険料を将来継続して払っていくことができるのかをしっかり考えるようにしましょう。

数年前、教育資金作りセミナーで講師をしたとき、「赤ちゃん連れのしっかりママさん」に出会いました。2人のお子さまの教育資金作りのため、常にいろんな銀行の預金金利をチェックして、満期になるたびに少しでも金利の高い銀行へとお金を預け替えているとのこと。大手金融機関ではなく地元の銀行の金利上乗せキャンペー

ンなどを利用し、確実に教育資金を増やされていて、幼児2人を育てながらの彼女の行動力に感心してしまいました。

大切なお子さまの将来の幸せのためにも、教育費は必ずかかるお金です。教育資金を準備する手段はいろいろありますが、ご家庭の考え方に合った方法で教育資金作りを実践してくださいね。

☆ころころ変わる国の制度には要注意！

現在の「児童手当」が始まる前は、「子ども手当」という名称でしたね。民主党のマニフェストに提示され、平成22年6月からスタートし、平成23年9月までは子ども1人に対して1万3000円が「子ども手当」として支給されていました。「子ども手当」には所得制限はありませんでしたが、新しい「児童手当」には所得制限が導入されています。

ＦＰとして「将来の長期的な資金計画を立てることが大事」などといつもお話していますが、政権交代や国の経済状況によって、手当の額や助成金のしくみなど、ころころ制度が変わるのは困ったものです。とはいえ、一国民である私たちにはどうしようもできないので、受け入れるしかないというのが現実ですよね。

もう1つ、子どものお金に関わる制度として、**「高等学校等就学支援金制度」**があります。全国の公立高校の学校に納める入学金と授業料がタダになる、**いわゆる「公立高校無償化」といわれる制度で、私立高校の場合でも一定額まで支援金を受け取ることができるので、子育て世代にとってはとても助かる制度**です。

実は、こちらも平成26年に入って少し内容が変わりました。平成26年度以降に入学する人を対象に、**年収９１０万円程度（市町村民税所得割額が30万４２００円）未満という所得制限が設けられました。**ただ、新制度では、私立高校の生徒に対する就学支援金の加算部分は拡充され優遇される内容になっています。

なお、新制度は平成26年４月以降入学の生徒が対象となるため、平成25年度まで高校等に在学している生徒は対象外となり、所得制限のない旧制度が適用されます。

平成22年の民主党政権時代「子ども手当」がはじまった頃、教育資金作りに関するセミナーで「毎月1万3000円を17年間貯蓄すれば265万円の教育資金が積み立てられますね」とお話してしまったことが少し気になっています（こんなにすぐに制度が変わるとは、みなさん予想していたでしょうか……）。

　セミナーや書籍などで、「『今までと現状』の制度」についてお伝えすることはできても、「将来がどうなるか」は誰にも分かりません。**子育て世代に対するさまざまな助成や優遇策なども、今後も変わっていく可能性があります。**自分にとってよい方向に変わればありがたいのですが、逆のケースも考えられます。

　セミナーのときに大切なことの1つとして、「必要な情報をキャッチできるように、アンテナを張ってくださいね」とお話をしています。時代はどんどん変化します。知らなかったことで「失敗してしまったり、損してしまったり」ということがないように、世の中の動きにしっかり目を向けて、制度の変更に一喜一憂しなくて済むような、耐性のある家計を築きたいものですね。

【3】生命保険は入っておいたほうがいい？　死亡保障はどれくらい必要なの？

「一家の大黒柱であるお父さんに万一のことがあったら？」

想像したくない話ですが、「うちに限って…」と思っていても、どこのご家庭にも起こりうることですね。

そんなときに助けてくれるのが、万一の場合、遺された家族が生きていくためのお金を保障してくれる「生命保険（死亡保険）」です。

「お守り代わりに入っておいたら安心」ということで、「保険会社の人が勧めるままに入った」とか、「いざという時のために○○万円受け取れるようにと、高めに契約しておいた」という方もいらっしゃるのではないでしょうか？　万一の場合、たくさんのお金が入ってくると思うと安心ですが、保障を手厚くすればするほど、その分毎月の保険料の負担も大きくなってしまいます。

ついつい頼ってしまいがちな「生命保険」ですが、実際、「万一の場合に入ってくるお金」は、「生命保険金」だけではありません。公的年金の「遺族年金制度」がありますし、会社員であれば「死亡退職金」などもあります。

「生命保険」は、「儲けるための手段」ではありません。ですので、これらの「入ってくるお金」で足りない部分を補うために「生命保険」を上手に活用すればよいのです。

貯蓄額などにもよりますが、小さいお子さんがいる20代～30代のご家庭の場合、父親に万一のことがあった場合の必要保障額は高額になるため、公的な年金だけでは賄えず、ある程度は生命保険で備えたほうがよいケースがほとんどです。

では、実際に万一が起こってしまった場合に、いくら「死亡保障額」が必要か算出してみましょう。

1．お父さんの「死亡保障額」はいくら必要？

「生命保険で備えるべき必要保障額」は、「万一のことがあった場合に、いくらあればこれから家族が生活していけるか？」を基準に決めます。

①まずは、「生命保険の死亡保険金以外に受け取れる可能性があるお金」をチェックしましょう

会社員か自営業か、子どもがいるか、いないか、などによって、万一の際に受け取れるお金は違います。

「遺族基礎年金」や「遺族厚生年金」といった公的年金の他、会社員などであれば「死亡退職金」が受け取れる可能性があります。

●「遺族基礎年金」ってどんなもの?

国民年金に加入している夫または妻(受給要件を満たしている場合)が死亡した時、「子どもがある妻、夫または子ども」に対して支給されます。金額は決まっていますが、子どもの数によって違ってきます。ここでいう「子ども」とは高校を卒業するまで(18歳になって最初の3月31日まで)で、障害(1級または2級)のある未婚の子どもの場合は20歳未満までが対象となります。

18歳未満の子どもがいない場合は、支給の対象にはなりません。

●遺族基礎年金額

基本年金額…772,800円
1人目の子ども…222,400円加算
2人目の子ども…222,400円加算
3人目以降1人当たり…74,100円ずつ加算
※平成26年4月分より適用

なお、平成26年3月までは、妻に先立たれた夫は遺族基礎年金の対象外でしたが、平成26年4月より、逆のケース、つまり父子家庭の夫も支給の対象となりました（平成24年改正国民年金法）。専業主婦だった妻が死亡した場合でも、要件を満たせば夫と子どもは遺族基礎年金を受け取ることができます。

●「遺族厚生年金」ってどんなもの？

「厚生年金（公務員の場合は共済年金）に加入している夫の妻」に支給される年金です。

受け取れる額は「夫本人が生きていた場合に受給できる老齢厚生年金の4分の3」です。ただし、夫が死亡した時に30歳未満で子どもがいない妻の場合は、期限が決まっていて、5年間しか給付を受けることができません。

実際に受け取れる年金額は、厚生年金の加入状況や、今までの

●遺族厚生年金額のざっくりシミュレーション

目安にしてください！

・平均標準報酬月額 20 万円の場合：
年額 30 万円程度
（1 か月当たり 2.5 万円）

・平均標準報酬月額 30 万円の場合：
年額 45 万円程度
（1 か月当たり 3.8 万円）

・平均標準報酬月額 40 万円の場合：
年額 60 万円程度
（1 か月当たり 5 万円）

・平均標準報酬月額 50 万円の場合：
年額 75 万円程度
（1 か月当たり 6.3 万円）

※厚生年金加入期間が 25 年未満のケースですので、加入期間が長ければもっと多くなります。実際の遺族厚生年金は、ねんきん定期便の数字をもとに計算してみてくださいね。

※「平均標準報酬月額」とは厚生年金に加入していた全期間の標準報酬月額の平均額です。

☆遺族基礎年金が受け取れる場合は、遺族厚生年金と合算した年金額を受給することができます。

収入額などによってそれぞれ違いますので「ねんきん定期便」をもとに計算してくださいね（**計算するのが大変、という方は、前頁の「遺族厚生年金額のざっくりシミュレーション」を参考にしてくださいね**）。年齢が若いなど、**厚生年金の加入期間が短い場合は、25年間（３００か月）は加入したものとして計算します**（遺族基礎年金の保険料納付要件を満たしていることが条件）。

ちなみに、夫と妻が逆のケース「妻を亡くした夫」も遺族厚生年金を受給する権利がありますが、「妻が死亡した時55歳以上であること」が条件で、支給開始は60歳からになります。最近は、男性と肩を並べて働く女性が増え、従来からの夫婦の役割が逆転した「専業主夫」も増えてきましたが、「年金」に関しては、まだまだ男性より女性のほうが優遇されているようです。

●「死亡退職金」とは？

会社に勤めている人などが退職金を受け取らずに亡くなった場合に、遺族に支払われます。

一般的に、「死亡退職金」は自己都合退職による退職金よりも多くなるケースが多いようです。企業の規模や勤続年数によって数十万円から数千万円までさまざまですので、勤務先の社内規定等で確認してみてくださいね。

②万一の際の「生命保険で備えるべき必要保障額」を計算してみましょう

まず先に、万一のことがあった場合に、「その後の家族の生活に必要なお金」（A）を計算します。

「生命保険で備えるべき必要保障額」（C）は、「万一のことがあった場合、その後の家族の生活に必要なお金」（A）から、「万一の後に、入ってくるお金と貯蓄額」（B）を差し引いて計算します。

実際に、次頁の式に当てはめて計算してみましょう。

「夫（父）に万一のことがあった場合の妻の生活費」は、現在の生活費の半分程度を目安にします。女性の寿命は平均でも90歳近くになりますので、それ以上、90歳～

●生命保険で備えるべき必要保障額の計算式

【夫（父）に万一のことがあった場合、その後の家族の生活に必要なお金】（A）

・妻の生活費［　　　　　　　］万円
（現在の生活費の半分程度が目安×妻の平均余命）
・子どもの生活費［　　　　　　　］万円
（現在の生活費の2～3割が目安×末子の大学卒業まで）
・教育資金［　　　　　　　］万円
（高校、大学にかかる費用）
・結婚援助資金［　　　　　　　］万円
（ご家庭の事情に合わせて）
・お葬式代［　　　　　］万円（平均200万円程度）

支出額合計	万円（A）

【夫（父）に万一のことがあった場合、その後に入ってくるお金と貯蓄額（B）】

・遺族年金［　　　　　　　］万円
（遺族基礎年金・遺族厚生年金・企業年金等）
・妻の収入［　　　　　　　］万円
（今後、どれくらい稼げるか試算してみる）
・その他の収入［　　　　　　　］万円
（死亡退職金・弔慰金他）
・現在の貯蓄［　　　　　　　］万円

収入・貯蓄額合計	万円（B）

生命保険で備えるべき必要保障額（C）
＝［　　　　　　　　］万円　［（A）－（B）］

１００歳くらいまで生きることを想定したほうが安心ですね。「子どもの生活費」は、大学卒業後は自立できることを前提に、それまでの期間、現在の生活費の２～３割を目安に計算します（「教育資金」については、第3章【２】91頁の表を参照）。

その他に、結婚式やお葬式代など、今後必要な費用を入れて計算してみましょう。

「夫（父）に万一のことがあった場合のその後の収入」のうち、「妻の収入」は、「いざとなったら、どれくらい稼ぐことができそうか」をイメージして計算しましょう。「実際にその状況に置かれてみないと予想がつかない」というのが本音かもしれませんね。ざっくりとした数字で、「年間で１００万円くらいならば稼げそう」ということであれば１００万円に、今の年齢から60歳（65歳）頃までの年数をかけて合計額を記入します。

「遺族年金の額」がよく分からない場合は、前記「遺族厚生年金額のざっくりシミュレーション」（１０６頁）を参考に、だいたいの数値を入れてみてください。最後に、現在の貯蓄額を入れてみます。

さあ、計算してみましょう！「生命保険で備えるべき必要保障額」（C）はどの程度になりましたか？

公的年金など、思った以上に入ってくるお金が大きいことに気づきませんか？**「生命保険」では、この差引きしたときの「足りない部分」だけを準備すればよいのです。**

必要保障額は、子どもが複数の場合は末子（1番下のお子さま）が誕生した瞬間にピークに達します。その後、年数の経過とともに、「子どもが経済的に自立できるようになるまでの期間」が短くなっていきますので、必要保障額もそれに伴って減っていきます。

この必要保障額は現時点での生活に基づいて想定したものですので、時間が経過すれば変わっていきます。しっかり考えて加入した保険であっても、**1年に1回は保険証券を開けてみるなど、必ず定期的な見直しをすることを忘れないようにしましょう。**

保険は当たってもうれしくない「逆宝くじ」ともいわれます。いざそうなってしまったときには、たくさん保障がある方が安心ではありますが、**不安ばかりが募り、「保険に頼り過ぎて保険料負担が家計を圧迫している」という事態にならないよう、適切な保**

険を選ぶようにしましょう。

2．お母さんの生命保険はどうすればいい？

では、家庭を支え家事をこなす「お母さん」は、どうすればよいのでしょうか？

「お父さんのケース」の考え方と同じですが、万一の場合の必要保障額は、**「遺された家族のために、いくらお金を残す必要があるのか？」が基準になります。**

例えば、専業主婦の場合は、収入が無いので、万一のことがあっても、その後の家計収入に大きな影響は与えないので大きな保障は必要ありません。ただ、子どもが小さい場合は、ベビーシッター代や、家事代行等のお金が必要になることがあるので、これらの費用が貯蓄で賄えない場合は保険で不足分を補うとよいでしょう。

「週2～3日勤務程度のパートか？　フルタイム正社員で働いているのか？　収入が家計支出のうちどれだけを負担しているか？」によって必要な保障額は違ってきます。

「お子さまが未就学の幼児なのか？　まだまだ手がかかる小学生なのか？　自分で身の回りのことができる中高生なのか？」によっても状況が違いますよね。

●死亡保険の種類

【定期保険】

学生時代に使った定期券のように、保障の期限が決まっている掛け捨ての保険です。
期限が切れると保障はゼロになります。
保険料は定期期間中一定です。「更新型の保険」で同じ保障を40歳以降も更新して継続する場合、保険料はアップします。

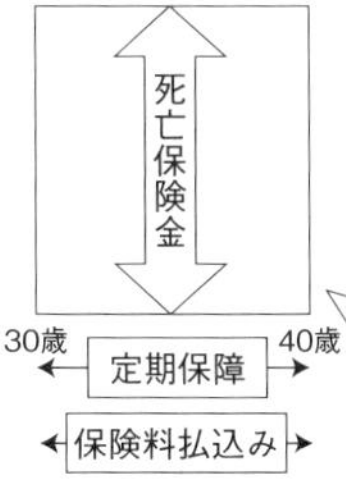

比較的安い保険料で、大きな保障を得ることができる、掛け捨てタイプです。

【終身保険】

一生涯、死亡保障が続きます。いつか必ずもらえる貯蓄性がある保険です。
保険料払込み期間は60歳までなど、期間が定まっているタイプが一般的です。

貯蓄性があるので保険料は、定期保険よりも高め。お葬式代などの一生涯の保障などに適しています。

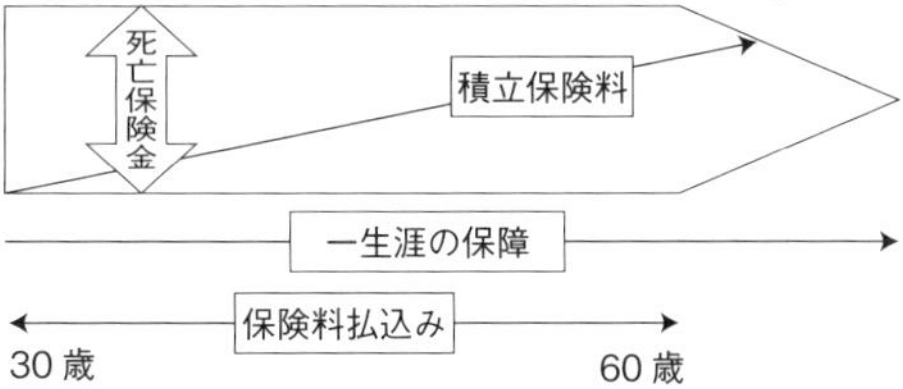

【養老保険】

保険期間中に死亡した場合は「死亡保険金」、満期まで生存した場合は「満期保険金」が支払われます。
保険料は、満期まで一定額を支払います。

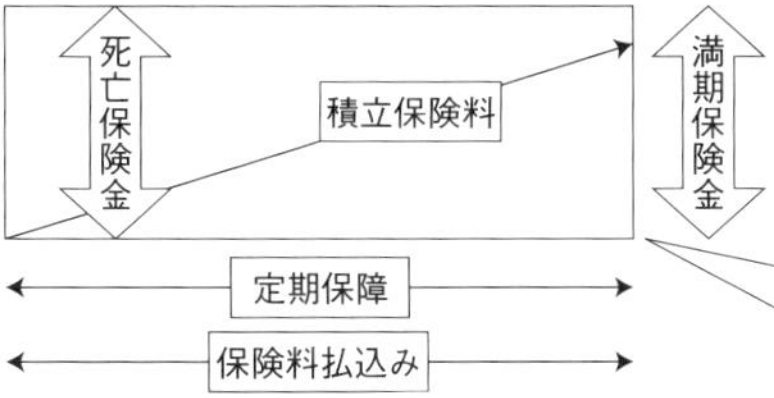

３つの中で最も保険料が割高。死亡保障の備えと、貯蓄とを兼ね備えているというメリットがあります。

また、万一の場合、「おじいちゃんおばあちゃんからの援助が受けられるか?」など、生活環境などもケースバイケースですよね。

保険は種類によって保険料や保障額が違いますので、ご家庭での考え方に応じた「目的に合う保険タイプ」を選ぶことが大事です。

保険を選ぶ際のポイントは、「いつまで、いくら保障が必要なのか?」「貯蓄性を求めるか、掛け捨てで保険料が安いほうがよいか?」。

お子さまが小さい間だけなど、**期間限定で大きな保障が必要な場合は「定期保険」、お葬式代などの出費に備えたい場合は、一生涯保障が続く「終身保険」、万一の保障としても、将来の資産形成にも活用したい場合は「養老保険」が適しています。**

これらをまとめると、前頁の図のようになります。

☆子育てママのキャリアアップ

●子育て期間中は自分を磨くチャンス

「小さい子どもがいるし働けない」「子どもとべったりの暮らしで、社会から取り残されている気がする」。未就園児のママの中には、そんな悩みや不安を感じている人も多いようです。

私は、子育て期間中は「自分を磨く貴重な時間」だと思っています。

特に、それまで外に出てバリバリ働いてきたママにとっては、子育て期間は充電期間。すぐに社会に出ることができなくても、「お料理の腕を磨く」「育児の合間に本を読む」「勉強をして資格を取得する」など、今までできなかったことをするチャンスの時間でもあります。

また、「まだ言葉が話せない赤ちゃん」や「大人の理屈が通じない乳幼児」と接するという貴重な体験や、児童館や子育てママサークルなど、子どもつながりのコミュニティに関わる中で、今までとは違う「コミュニケーション能力」も養うことができます。

実際、欧米では、育児休業期間をキャリアアップの機会ととらえ、その期間に勉強したり資格を取得したりすることで、職場復帰後に昇格するケースも多いそうです。

また、子育てと家事を両立することで、子育て経験がある女性は、出産前よりも「複数のことを同時にこなす能力」がアップする、という話も聞いたことがあります。

私自身、子どもが3歳までは、児童館やリトミック（リズムを使って、音楽を体で体験し、想像力や表現力を養い、心と体の調和を作り出す総合教育）など、親子で参加できるイベントなどに積極的に参加するよう心がけました。

親子で成長できることを目標に、同じ志を持つママ仲間で、それぞれが持っている知識や経験を提供し合ったり、ママ向けの託児付きセミナーを企画したりする「子育てサークル」を作って活動したりもしました。

それと並行して、子どもが幼稚園に入園したら社会復帰できるようにと期限を決めて、3年かけてファイナンシャルプランナー（CFP®）の資格を取得しました。社会から取り残されているという不安は少しありましたが、生協などの託児付きの勉強会に参加したり、資格取得に向けて勉強したりすることで、その不安を解消することができました。

●PTA役員のお仕事も十分なキャリアになる

幼稚園や小学校でのイベントや保護者会などで、「ひときわ目立つ素敵な女性」に出会うことがあります。保護者会の○○長やPTAの役員さんなど。幼稚園や学校等の役員の仕事はボランティアですが、思う以上に大変な仕事です。同じ目的を持って働く会社での仕事とは違い、公立の学校等は特に、家庭環境や子育ての方針など、さまざまな価値観を持つ人が集まっているので、イベント１つ行うにも他の保護者の意見をまとめ、誰もが気持ちよく参加できるように気配りもしなければなりません。

また、会社や役所と違って上下関係がないので、グループのメンバーや子どもたちをまとめるのも至難の業です。ですから、学校等の役員の経験は、社会復帰するときに必ず「キャリア」として役立ちます。

今後、新しい仕事をはじめようと思った時、「私にできることなんてあるのかしら?」と不安になったり、「子育て期間のブランクがあるため自信が持てない」と感じたりして、「一歩を踏み出せない」という状況になることがあるかもしれません。そんな時は、子育て期間中に培った経験をぜひ振り返ってみてください。きっと、普通に働いていただけでは得られなかった「自分の中の強み」が見つかるはずです。

【4】医療保険はどうやって選べばいいの？ 「先進医療」ってどんなもの？

自分が病気になったりケガをしたりした時のために備える保険が「医療保険」です。1入院当たり5000円とか1万円、手術したら1回につき10万円など、給付金を受け取ることができます。

「生命保険」が万一の時に家族のためにお金を残す保険であるのに対し、「医療保険」は、病気やケガになった時に支払う治療費の負担を減らすための、「自分自身の保険」です。

最近は、単体の「医療保険」というものが増えてきましたが、生命保険に「医療特約」というかたちで、セットになっているものもあります。

また、医療保険と一口に言っても、保険会社によって**「保険給付の内容や支払い条件、保険料の払い方、保障期間」**などはさまざまで、自分で判断をしなくてはならないポイントがたくさんあります。

では、医療保険を選ぶ際のチェックポイントについて見てみましょう。

1．入院給付金は1日いくらあればいいの？

民間の医療保険は一般的に、入院した時に１日当たり５０００円、１万円など、契約内容に応じた定額の入院給付金が給付されるしくみになっています（医療保険によっては、所定の傷病に対し給付額を上乗せするタイプもあります）。

では、その「入院給付金」は１日いくらあればよいのでしょうか？　次頁のグラフは「入院時の１日当たり自己負担費用」についての調査結果です。

平均２万１０００円もかかるのならば、医療保険の入院給付金は、日額１万～２万円程度は必要じゃないか？　と感じますが実は、この自己負担額には医療費の他に、「差額ベッド代などの付加的な費用」も含まれているのです。個室等を利用した場合の「差額ベッド代」は１日当たり平均６０００円程度にもなるので、一般病室ならばそれほど入院費がかからないで済みます。

●入院時の1日当たり自己負担費用

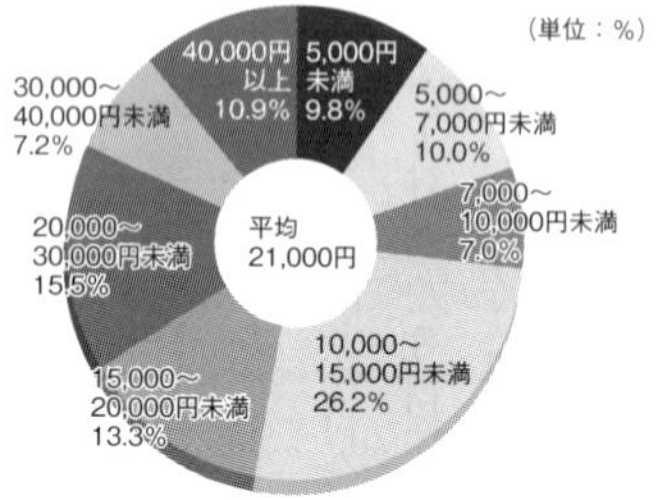

※治療費・食事代・差額ベッド代等を含む。高額療養費制度を利用した場合は利用後の金額
※集計ベース：過去5年間に入院し、自己負担分を支払った人
（生命保険文化センター「生活保障に関する調査」平成25年度）

ちなみに、厚生労働省が定めたルールでは、**差額ベッド代を支払う必要があるのは「患者側が同意した場合のみ」**です。「病院側が、個室が必要だと判断した場合」や、「病院の都合で個室になった場合」は、病院は患者に対して差額ベッド代を請求できないことになっています。

「希望する病院の一般病室が空いていない」というケースもありますが、「必ず差額ベッド代を支払わなくてはならない」というわけではないことは知っておきましょう。

医療保険を検討している人から**「入院給付金は日額1万円にしておけば足りますか？」**

●高額療養費制度

患者が負担する医療費が高額になる場合に、所定の自己負担限度額（1か月当たり）を超えた部分を健康保険から払い戻してくれる制度（70歳未満、所得区分が一般の場合）。

負担の上限額

＝80,100円＋（医療費－267,000円）×1％

例えば医療費が30万円かかった場合

1か月の自己負担上限額

＝80,100円＋(300,000円－267,000円)×1％

＝80,430円

☆この計算式からも分かるように、**標準的な所得の場合、1か月の自己負担額は「80,100円＋少し」で済むということが分かりますね。**

と質問されることがあります。

入院にかかる費用は傷病の種類や治療内容によって違うのでいくら必要かは分かりません。ただ、医療保険だけですべての入院費を賄う必要はあるでしょうか？　**「足りない部分はご自身のお財布から出す」という方法もありますよね。**

また、**同一月（1日～末日まで）の医療費の自己負担額が一定額を超えた場合には、健康保険から支給される「高額療養費」という制度も**ありますので、健康保険の対象となる治療であれば、医療費自体が莫大になることは考えにくいですね。

手厚い医療保険に加入していれば心強い

かもしれませんが、その分保険料は高くなりますし、加入期間中、一度も入院することなく健康で過ごせる可能性もあります。そして医療保険の大半は掛け捨てなので、貯蓄性はありません。**「保険は必要最低限で準備して、何にでも使える貯蓄をしっかり準備する」ほうが大事だと思いませんか？**

2．支払限度日数は何日あれば安心？

支払限度日数とは「1入院につき何日間入院給付金を支払うか」という限度日数のことです。医療保険よってさまざまですが、**一般的には60日か120日かを選ぶものが多くなっています。**

ここでいう「1入院」とは、「同じ病気またはケガで」というのがポイントです。例えば、大腸がんで40日入院して退院し、3か月後に同じ大腸がんが再発してまた30日入院したならば、同じ病気なので1入院とみなされ、入院日数は70日となります。この場合、60日型の保険ならば60日分しか入院給付金を受け取ることができませんが、120日型ならば70日分の給付金を受け取ることができます。ただ、2回目の入院が、例えば

「肺炎」など「大腸がん」とはまったく原因が違う病気やケガの場合は別の入院として扱われるので、前回の入院日数に関係なく給付を受けることができます。

「1入院」の考え方で、もう1つのポイントに「１８０日ルール」があります。前回の入院の退院日の翌日から次の入院まで１８０日以上経過していれば、同じ病気であっても新たな入院とみなされて、再度限度日数まで給付を受けることができます。

医療保険を検討している人からよく聞かれるのは、**「入院給付日数は何日あれば大丈夫ですか？」という質問です。**「支払限度日数が何日あれば、実際の入院日数をカバーできますか」という意味だと思うのですが、ほとんどの傷病が50日以内（厚生労働省の患者調査・平成23年）によると入院日数の全体平均は32・8日で、「脳血管疾患」「認知症」以外の平均入院日数は50日未満）というデータから考えると、「60日型で十分でしょう」という答えになります。20代〜30代ならばなおさら長期入院の可能性は低くなります。

「脳血管疾患等の長期入院に備えたい」という方は、当然給付日数が長いほうが安心ということになりますが、入院給付金の考え方と同じく、**かかった医療費の全部を「医療保険」から支払う必要はありません。**入院が長引いたとしても、入院給付が出ない期間分は自分のサイフから出すことができればいいわけです。

こんな考え方もできます。入院日額5000円で支払限度日数が60日であれば、5000円×60日＝30万円で、入院給付金は最高でも30万円です。「30万円ならば貯金から十分出せる」ということであれば、「医療保険に加入する必要はない」ということになりますね。

将来、どういう病気になって何日入院するかは誰にも分かりません。医療保険を検討する際は、**「どれだけあれば医療費のすべてを保険でカバーできるか」**ではなく、そうなってしまった場合に**「医療保険からどれだけ給付があれば助かるか」**。また、その予**測不可能な事態に備えて「家計からどれだけ保険料として支払うことができるか」を考えることのほうが大事なのではないでしょうか。**

3.「先進医療特約」って、つけたほうがいいの？

最近ＣＭなどでよく耳にする「先進医療」。「加入中の医療保険に『先進医療特約』をつけていないのですが、新しく入り直したほうがよいでしょうか？」というご質問をよく受けます。確かに、最近の医療保険の大半は「先進医療特約」がつけられるようになっています。ただ、慌てて保険を切り替えたりする前に、まずは「先進医療とは何か」「本当に必要なものなのか」を考えてみましょう。

「先進医療」とは、健康保険の診療で認められているレベルを超える最新の医療技術のうち、厚生労働省が定めた医療行為のことをいいます。技術料は「高額療養費制度」の対象外なので、健康保険は使えず全額が自己負担となってしまいます。先進医療の代名詞ともいえる「がん治療における重粒子線治療や陽子線治療等は２００万～３００万円程度かかる」という例から、「技術料が高い」というイメージが強いのですが、必ずしも高いお金がかかるわけではなく、数万円程度の治療もあります。

これらの**「先進医療」を受けて支払要件に該当した場合、契約した額までの給付金を受け取ることができるのが「先進医療特約」です。**通常、単品での加入はできず医療保険やがん保険に特約として付加します。がん保険に付加できる「先進医療特約」は、がん治療に関わる先進医療しか対象にならないので、**がん以外の病気までカバーしたい場合は「医療保険」に先進医療特約をつける必要があります。**

特約保険料は各社とも月額１００円前後とお手頃価格ですが、実際、１年間に先進医療を受けた人は全国でも２万６５５人、そのうち高額な治療費がかかる「重粒子線治療と陽子線治療」を受けた人は３４５６人のみで、全体の17％程度にすぎません（中央社会保険医療協議会「平成25年６月30日時点で実施されていた先進医療の実績報告」より）。

たまたま保険給付の対象となる治療を受けて給付金が受け取れたら「加入しておいて良かった！」となりますが、先進医療は技術や条件が限定されているので、実際に多額の給付を受けられる確率はかなり低いのです。

結論としては、**「先進医療特約に加入したいがために、加入中の割安な保険を解約し**

て最新の保険に加入し直したり、重複して給付が受けられるようにとすべての保険に特約を付加したりする必要はないでしょう」。ただ、現時点での保険料は１００円程度と安いので、もし今から保険に加入するならば、つけておくと安心かもしれないですね。

☆「医療保険」に入りたいのに入れないケース！

【女性で医療保険への加入が難しくなるケース】

女性向けの医療保険は「女性疾病」に手厚くなっているタイプが多いですが、それに裏付けされるように「加入が難しくなるケース」も妊娠出産に関わる事由が多くなっています。

・不妊治療をしている。
・妊娠して定期検査をする中で、子宮筋腫が見つかった。
・妊娠中毒症になり、原因を調べたところ血液の病気を持病として持っていることが分かった。

不妊治療でホルモン剤を投与したり、出産後に妊娠中に見つかった病気の治療をしたりすると告知要件に該当するため、一定期間は無条件で医療保険に入れない可能性が高くなります。また、「早産・流産・帝王切開」等を経験した場合も、異常分娩という扱いになるので、以後「医療保険」に加入できたとしても、次回の妊娠、出産に関わる入院や手術、子宮に関連する病気等に関して、一定期間保障の対象外になる等の条件がつく場合があります。

・「よく眠れない、不安感がある」等の理由で、睡眠薬や精神安定剤薬を服用している。育児疲れ等で眠りが浅いのでと「軽い気持ちで病院に行って睡眠薬を処方してもらった」というのも告知の対象となります。女性に多いうつ病や、40~50代に多い更年期障害等で治療している場合も加入が難しくなります。

最近は、不妊治療中や妊娠中の女性をはじめ、うつ病と診断された人でも加入できる医療保険も出てきました。ただ、仮に加入できても帝王切開等の一定の疾病については保障対象外となったり、うつ病と診断された人が加入できたとしても、うつ病が原因となる疾病は保障の対象外だったりというケースが多いようです。持病があっても加入できる「引受基準緩和型医療保険」もありますが、告知条件が緩い分、通常の保険に比べ保険料が割高になってしまいます。

【男性で医療保険への加入が難しくなるケース】

男性が医療保険に加入できなくなるきっかけとして多いのが、職場の健康診断で「異常を指摘された」というケース。普段の生活には何の支障もなく病院にかかるような病気でなくても、健康診断結果に「ＣとかＤ」という判定がつくと、「病気予備軍」とみなされ、無条件で保険に入れない可能性が出てきます。

特に多いのが次のようなケースです。

・血糖値が基準値以上（糖尿病や高血糖症に進行する可能性が高い）
・脂質異常（肥満気味でコレステロール値が高い）、
・尿酸値が高い（痛風や高尿酸血症などの疑い）

健康診断書には

「『要経過観察』と書いてあるだけなので気にしていなかった」

「『再検査』となっているが、来年また検査すればいいか！と放置していた」といった場合も加入に影響することがあります。

逆に、「要治療」と指摘されても、しっかり治療して完治すれば問題なく加入できる可能性もあります。また、異常を指摘された部分に関わる疾病に関してだけ保障をしない、という「特定部位不担保」という扱いで加入できるケース（胃潰瘍になった人は、一定期間、胃や十二指腸に関わる病気は保障しない等）もあります。

医療保険の審査基準は、保険会社によって違います。希望の医療保険に加入できなかったとしても、別の保険会社で契約できる可能性もあります。

「保険に入れない」と言われると、「なんとしてでも加入したい！」と、一生懸命になる人がいらっしゃいますが「医療保険に頼らず、将来の医療費負担に備えしっかり貯蓄する」という方法もあります。

医療保険はいざという時には助かりますが、そうなってしまった時のためのお守りにすぎません。

「健康を心がけ病気になりにくい身体を作る努力をすること」を心がけるほうが大事だと、私は思います！

【5】夢のマイホーム、何から準備すればいい？

20代～30代の方から、

「将来的にはマイホームがほしいのですが、わが家の家計状況で買えそうですか？」

「貯金は、ほとんどないですが、毎月家賃を払っていくくらいならば、買ってしまったほうがいいのではないかと主人と話しているのですが…」

といったご相談をよく受けます。


実際、消費税がアップする前にと、マイホームの駆け込み需要が高まったようですが、マイホームは、ほとんどの人にとって「人生で一番大きなお買い物」。衝動で買ってしまって失敗はしたくないですよね。そのためにも、今後「長期にわたって住宅ローンの返済と付き合っていけるか」ということを考えて資金計画を立てなけれ

●マイホーム購入にかかる費用

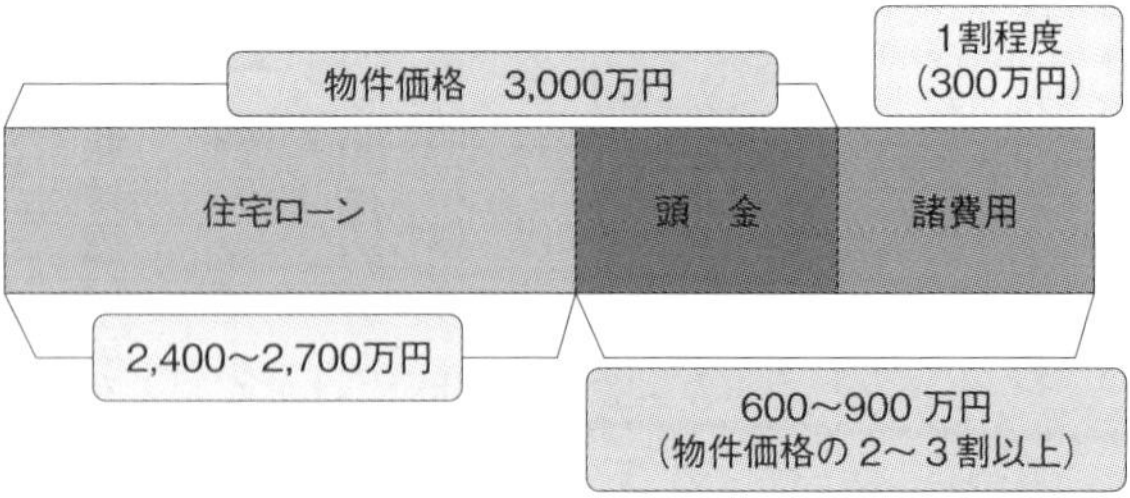

ばなりません。

「夢のマイホーム購入」に向かって、段階を踏んで考えてみましょう。

ステップ1　自己資金（頭金と諸費用）を貯める

「夢のマイホーム」を思い描いたら、まずはじめたいのが「自己資金の準備」です。

頭金とは、マイホームを購入し、契約成立の際にその契約実行の証拠として買主が売主に対して購入代金の一部として支払うお金のことをいいます。

ここ数年の「低い金利水準」と「これから地価が上がりそう」という懸念から、「頭金なし」でマイホームを買い急ぐ人が増えています。「頭金なし」で多額のローンを組んでしまうと、どうしても返済時の負担が大きくなってしまいます。

初期費用としては、頭金の他に「手続き等にかかる諸費用」も必要です。諸費用とは、物件関係では、印紙税や登録免許税といった税金や、登記や仲介にかかる手数料等、住宅ローン関係では税金や事務手数料、保証料、火災保険の保険料等があります。また、引越しにかかる費用やカーテン、照明などの他、家具を買い替えたり、インテリア小物を新調したりすることもあるでしょう。

将来のことも考えてゆとりをもって返済していくためには、購入に踏み切る前に、頭金と諸費用部分まではしっかり準備しておくのが理想的です。

３０００万円の物件ならば、準備しておきたい頭金、諸費用は物件価格の２～３割の６００～９００万円程度が目安になります。

１３５頁の表は、頭金なしのＡさんと、頭金が５００万円準備できているＢさんの返済シミュレーションです。

AさんとBさんを比べると、頭金を500万円準備したBさんのほうが、利息は196万円程度軽減することができ、月々の返済額も1万7000円弱少なくて済みます。左記は金利が2・0％の例ですが、金利が高ければもっと差がつくことになります。

頭金なしで購入した場合に怖いのは、万一、失業等で返済ができなくなった時に自宅を手放さなくてはならない可能性があることです。新築住宅は、買った直後に価格は大幅に下がり、2～3年過ぎると8割程度、10年も経つと6割程度になってしまいます。頭金なしで家を買って返済ができなくなった場合、住宅の時価がローン残債を下回っていれば、家を売ったとしてもローンを完済することができず、「自宅を失ったうえ、ローンだけが残ってしまう」という事態になりかねないのです。

頭金をしっかり準備するのが理想的ですが、どうしても頭金が間に合わないときは、「物件価額自体を下げる」という考え方もあります。返済しながら貯蓄も増やしていけ

● 頭金はあったほうがいい？

☆Aさん（3,000万円全額借入、頭金0円）
　Bさん（2,500万円借入、頭金500万円）
☆条件：物件価格：3,000万円、返済期間：35年、
　金利：2.0％（全期間固定金利）、元利均等返済方式（毎月同じ額を返済する方法）、ボーナス返済なし

	借入額	毎月返済額	利息負担額
Aさん 頭金0円	3,000万円	99,378円	11,738,968円
Bさん 頭金500万円	2,500万円	82,815円	9,782,404円
		Bさんのほうが16,563円少ない	Bさんのほうが1,956,564円少ない

るゆとりをもったローンプランを組むことができればいざという時にしっかり対処できるので、住宅ローンを組むことに対するリスクを和らげることができますね。

子どもがいる場合は、子育てや学校等の教育環境も大切です。地方自治体によっては子育て支援に力を入れているエリアもありますし、私立幼稚園に対する助成制度や医療費負担等も市区町村によって違います。また、背伸びし過ぎて高級住宅街に家を建てたら、近所の人とのお付き合いがストレスになってしまう

などということもあります。

マイホームは、
×ほしい物件価格＝銀行で借りられる額（借入可能額）
ではなく、
○ほしい物件価格＝返せる額（返済可能額）
で選ぶのが基本！

無理のない返済計画が立てられる「理想のマイホーム」と出会えるように、資金づくりをしながら家族の将来の夢も膨らませてくださいね。

ステップ2　いざ購入！　住宅ローンはどうやって選ぶ？

自己資金（頭金と諸費用）の準備ができれば、「いざ購入」ですね。
物件が決まったら次に考えなくてはならないのは「住宅ローン」です。金融機関の選択からはじまり、金利タイプ、期間、返済方法、また団体信用生命保険なども決めなくてはなりません。この中でも、特にみなさんが悩まれることが多い、金利タイプについて考えてみましょう。

金利タイプは、大きく分けて、固定金利・変動金利・固定金利期間選択型の3つがあります。

①全期間固定金利型…フラット35に代表される金利タイプ。借入の全期間にわたって金利が一定のローンです。

○借入後に金利が上がっても将来にわたって借りた時の低い金利が継続する。
○将来の資金計画が立てやすい（契約時に返済期間全体の返済額を確定することができるため）。
×借入後に金利が下がっても、契約時の高い金利が継続する。
×固定金利期間選択型や変動金利型と比べて金利が高い。

将来のマネープランが立てやすいという点で、子育て世代にとっては安心できる金利タイプです。

②変動金利型…金融情勢の変化に伴って金利が定期的に見直される金利タイプ。返済期間中の元金と利息の割合が変動し、5年ごとに返済額が見直しされます。
○借入後に金利が下がれば、毎月の返済額も減少する。
○全期間固定金利型や固定金利期間選択型と比べると金利が低い。
×借入後に金利が上がると返済額が増加する。

×将来の返済計画が立てにくい（借入時に返済額が確定しないため）。

共働きなど、繰り上げ返済でどんどん元金を返していける方に向いている金利タイプです。

③固定金利期間選択型…「当初5年間○%」など、一定期間だけ金利が固定される金利タイプ。固定金利期間終了後は再度金利タイプを選択します。
○固定金利期間終了後に金利が下がれば、返済額が軽減される。
○一定期間は返済額が確定できる。
×固定金利期間終了後に金利が上昇していれば、返済額が増加する。

×返済計画が立てにくい（借入時に固定金利期間終了後の返済額が確定しないため）。
変動金利と固定金利の中間的なタイプで、金利は、固定金利よりも低く、変動金利よりも高いものが一般的です。

それぞれの金利タイプの特徴をあげてみました。どれが正解かは分かりません。ここ数年間、金利水準は低い状態が続いており、「長期固定金利」を選ぶメリットは大きかったように思います。ただ、長期的に考えて金利がどう変動するかは誰にも予測はできないですし、その方の収入の状況や将来どのような暮らし方、働き方をしたいかによってもふさわしい金利タイプは異なります。

1つはっきりしているのは、将来の返済額を確定させるためには「全期間固定金利」を選ぶしかないということ。お子さまの将来の教育費負担等を考えて、計画的に貯蓄を進めるために、「今後、返済額を絶対に増やしたくない」という方は、目先の返済額は若干高くはなってしまいますが「全期間固定金利」を選ぶべきでしょう。

金利タイプの他に、ローンを組む際に注意してほしいのが「ローン期間」です。ご相談で伺うローン期間として「35年ローン」というのが圧倒的に多いです。返済プランを立てる時、ローンの期間が長いほうが毎月の返済額が少ないですが、その分、利息の負担は増えてしまいます。

仮に35歳で35年ローンを組んだならば、完済は70歳となりますね。**「ローンは収入がある間に返し終えるのが基本」です。**「繰り上げ返済することを前提に」という考え方もありますが、将来収入が減ったり、教育費が思った以上にかかったりする可能性もありますし、予定どおりに繰り上げ返済ができるとは限りません。

また、今の賃貸住宅の家賃が10万円だから、10万円くらいなら返していけるだろうと簡単に決めてしまう人がいますが、マイホームを購入すると、住宅ローン以外にも**固定資産税や維持費、マンションならば管理費や修繕積立金といった費用もかかります。これらも考慮したうえで、毎月の返済額を決めなければなりません。**

前述したとおり、住宅ローンは「**銀行から借りられる額（借入可能額）ではなく、返**

すことができる額（返済可能額）で組む」、そして「収入がある間に払い終える」のが原則です。マイホームで末永く幸せに暮らすことができるように、無理のない返済計画を立てるようにしましょう。

☆マイホーム購入を考えるときは両親に相談しよう

「住宅取得等資金の贈与にかかる贈与税の非課税措置」という制度があります。

簡単にいうと、20歳以上の子どもに対してマイホームを購入する際のお金を、直系尊属である両親や祖父母等が資金援助した場合、一定額までは非課税で贈与することができる、という制度です。

通常、１年間で１１０万円超（複数の人から贈与を受けた場合はその総額）の贈与を受けると、受け取った側は贈与税という税金を支払わなければなりません。しかし、この制度を利用すれば、住宅を取得するためのお金であれば１１０万円とは別枠で、一般住宅の場合５００万円まで、耐震・エコ住宅ならば１０００万円まで（平成26年）、税金を払うことなく贈与を受けることができます。

「ご両親やおじいちゃんおばあちゃんからお金をもらいましょう！」を推進しているつもりはありません。ただ、平成27年より、相続税の非課税枠が縮小されることも決まっており（「相続」については第5章【3】参照）、富裕層の高齢者がたくさんのお金を残して亡くなった場合、相続した子どもなどが多額の相続税を支払わなければならないというケースが増えてくると思われます。

もし、「いつかは息子や娘に財産を……」と、ご両親が考えていらっしゃるならば、住宅購入のタイミングで資産を移転するのは、税金対策にもなり、親子ともがハッピーになれる可能性があるからです。

将来の親子のつながりを大切にするためにも、人生の先輩であるご両親や祖父母にマイホーム購入について相談をするとともに、こんな制度があるということもちらっと伝えてみてはいかがでしょうか？

第4章

30代後半～40代に多いお金の悩み

30代後半から40代、お子さまがいる家庭の場合は、子ども中心の生活になりやすい時期です。学校行事やお稽古事、進学、受験など、お子さま関連のライフイベントが続きます。そして、子どもも少しずつ手が離れるため、お仕事に復帰する人も増えてきます。

フルタイムで働く方だけでなく、パート労働の場合でも、学校のＰＴＡ役員や野球、ピアノといったお稽古事のお手伝い、塾の送迎など、仕事と家庭とのバランスを保つのに苦労することも多いようです。

金銭面では、お子さまの成長とともに、教育費などの子どもに関わる出費が増えるため、大学進学や老後の暮らしも踏まえた資金計画が重要になります。

子どもが自立できるようになってくると、子育てママも少し自分を見つめる時間が持てるようになりますね。**これからの「ライフプランとお金」、美しく年を重ねるための「健康づくり」、そしてご自身のこれからの生き方、働き方といった「キャリア形成」についても、じっくり考えたい時期です。**

【1】おこづかい、いつからあげればいいの？ 気をつける点は？

小学校高学年頃になると学校の懇談会などで、必ずといってよいほど出てくるのが「おこづかいをどうしているか」という話題。

「年齢に応じて毎月（または毎週）、定額のおこづかいを渡しています」

というご家庭もあれば、

「必要なものがあるときは、その都度親が買い与えるので、無駄使いしないようにお金は持たせないようにしています」

というご家庭もあります。

保護者によっても、「おこづかい」に対する考え方はさまざまですが、私は、**「正しい金銭感覚と上手なお金との付き合い方」を身につけるために、「小さい頃からのおこづかい制度」をおすすめしています。**

お金を上手に使う、管理するというのは、大人でもなかなか難しいことですよね。

主婦が、上手に家計管理できるよう試行錯誤するのと同じように、子どもだって将来上手にお金を使えるようになるための「練習と経験」が必要です。「おこづかい制度」**を導入して、その範囲内でやりくりするトレーニングをはじめましょう。**

1．幼稚園児に教えたいこと

「幼稚園児におこづかいなんて、いくらなんでも早過ぎるのでは？」という意見が聞こえてきそうですが、4～5歳児はお買い物ごっこなどが大好きな年頃。お金に興味津々というお子さんも多いですね。小さなお金から使う練習を始めます。

わが家では、娘が幼稚園の年長から「月300円のおこづかい制度」をはじめました。「スーパーでお菓子を買って～」とダダをこねる年頃ですが、300円を手にして彼女なりにどう使おうか考えはじめました。はじめは嬉しくて、「ガチャポン3回」であっけなく終わってしまうような使い方でしたが、そのうち「すぐに使うともったいない！ガチャポンだと3回分の小さなオマケだけだけど、スーパーでならお菓子など、たくさんほしいものが買える」と考えるようになりました。そして半年もすると、「すぐに使わないで貯めておけば、もっと高い物が買える」ということに気づいたようで、貯金箱に入れてはいくら貯まったかを数えるようになりました。

「お金」には3つの働きがあります。「**貯蓄手段**」「**交換手段**」「**価値を測る道具**」です。幼稚園児でも、おこづかいを通して、**「お金でモノが買える＝交換」**や**「お金を貯める＝貯蓄」、そして「貯めればより高価なものが買える＝価値測定」**をちゃんと理解することができます。

2. 小学校低学年で教えたいこと

毎月1日（ついたち）に1か月分で500円、毎週月曜日に1週間分の100円など、定額のおこづかいをあげましょう。

「きっと無駄なものを買ってしまうだろうから、要るものがあればその都度あげる方が間違いない！」

という考え方もありますが、ここでのポイントは、

「子どもに自由にお金を使わせること」です。

親から見たら、「そんなものにお金を使ってもったいない！」と感じるものでも口出

しをしないことです。ただ、次のおこづかいを渡す際に「前回のおこづかいでいいお買い物ができたかな？」と、何に使ったかを確認し、気持ちを振り返る習慣をつけましょう。

大人でも衝動買いをして後悔することがありますよね。この時期のおこづかいは、将来上手に買い物ができるようになるための「トレーニング代」だと思ってください。数百円ならば安い投資だと思いませんか？

計算ができるようになれば「おこづかい帳」をつけてみましょう。市販のおこづかい帳でもいいですが、はじめは「大きく字が書ける手作りノートのおこづかい帳」が使いやすいです。左側のページにレシートを貼り、右側のページに支出入を書きます。はじめは計算が合わないこともあると思いますが、そのときは「どこにいっちゃったのかな？　来月はきちんとつけようね！」と声をかけてあげれば大丈夫です。完璧を目指すよりも、楽しくお金の管理をすることを体験させることが大事です。視覚で確認できるようになれば、貯める喜びを知るお子さまも多いようです。

3．小学校高学年で教えたいこと

小学校の高学年になると、ほしいものの価値もある程度理解し、計算もスムーズにできるようになります。文房具など必要なものの購入費用を含め、やりくりする範囲を広げてみましょう。

「おこづかい（500円）＋文房具代（300円）＝毎月800円」などを目安にし、800円の内訳はお子さま自身に任せます。ノートや鉛筆が不足した月には支出が増えますし、文房具が十分足りている月ならば逆に自由に使えるお金が増えますね。

わが家では文房具代を任せて数か月たった頃から、ノートなどを買うとき娘が自発的にメーカーやお店などを比較して安いものを探すようになりました。「学校で使うノートはマス目が同じならばシンプルな安いものでOK。消しゴムや鉛筆は、多少高くても可愛いイラストが入ったものがほしい！」という、娘なりの価値観が出きてきたようでした。

5～6年生になるとファッション等に興味を持つ子もでてきます。毎月のおこづかいが上手にやりくりできるようになれば、次は年間の衣服代などを総額で決めて任せるのも1つの方法です。この方法をはじめてみて、「夏服を買い過ぎてお金が尽きてしまい、冬は1着も服が買えなかった」という女の子がいましたが、次の年は「冬服代として、予算を残さなければならない！」ということがしっかり考えられるようになったそうです。

4. お年玉について

お子さまにとっては年に一度の「ボーナス」ですね。お年玉に対する考え方はご家庭によってさまざまだと思いますが、大事なことは使い方のルールを決めることです。

「○割、または○千円はお子さまが自由に使って後は貯金する」

「ほしいものを1つだけ決めて、それだけはお年玉で買う」など。

ここでいう「ほしいもの」は、毎月のおこづかいでは買えないような「高額なもの」になるケースが多いので、兄弟をはじめ家族会議にかける必要があります。

わが家では、ほしいものがある場合は家族で話し合ったうえで購入し、残りは貯金する。ほしいものがすぐに見つからない場合は、「ボーナス会議」で額を決めて渡し、自分で管理させるようにしています。残りは将来、大学に進学したりするときのためのお金ということで、数年前から娘名義の郵便貯金通帳に自分で額を確認して入金させるようにしています。

おこづかいを与えてはじめて「お金の使い方」を見ていると、子どもによっては、1日で使い切ったり、大人から見るとくだらないものにお金を使ってしまったりということもあります。はじめは上手くいかず、お母さんがイライラしてしまうかもしれません。でも、**今与える「小さなおこづかい」は、お子さまが将来お金と上手に付き合うことができる「大きな財産」へとつながります。**ぜひ、「おこづかい」を通して、お子さまの成長を温かく見守ってあげてください。

☆子育て主婦のおこづかい稼ぎ

某企業の主婦向けのサイトで、2年半にわたってコラムを連載させていただいたことがあります。「主婦を応援したい」という大きなテーマのもと、たくさんの素敵な子育て主婦の方々に取材をさせていただきました。

その中で、子育て中心なので本格的なお仕事には出られないけれど、自分なりの方法で「おこづかい稼ぎ」を楽しんでいた素敵な女性たちに出会いました。

●ネットオークション

ご家庭で不要になったもの、成長して着られなくなった子ども服、レトロなおもちゃ、引き出物の食器、記念グッズなどをネットオークションに出しておこづかい稼ぎ。意外なものが高く売れるケースもあるそうで、子どもの頃流行った「指しゃぶり人形　マドモアゼル　ジェジェ」や、「初代のリカちゃん人形」も高い値段がついたそうですよ。「捨てられる運命だったお人形」がほしい方の手に渡り、大切にしてもらえるのはうれしいですね。不要品を捨ててしまう前に、誰か喜んでくれる人がいないか、ちょっと気にとめてみましょう。

指しゃぶり人形　マドモアゼル ジェジェ

●フリーマーケットやガレージセール

地域などで定期的に行われるフリーマーケットに出店して

みましょう。衣類、雑貨、本、CDやDVD類など売れそうな物なら何でもOK。お友達と数名でやってみると楽しいですね。「自家製のお菓子」や「手作り雑貨」などは、今後独立するための宣伝チャンスにもなりますね。

不要になった子ども服やおもちゃ類などは親子で一緒に販売してみましょう。子ども自身がモノやお金の価値について肌で体験することができ、「金銭感覚」を身につけるよい機会にもなります。

●手作り雑貨

「デコスイーツ」や「ビーズ小物」「紙細工や手作りカード」など、小売店からの依頼を受け、自宅で雑貨を作って納品する仕事でおこづかい稼ぎ。手先が器用な方や、趣味を仕事に結び付けたい方にはお勧めです。

趣味ではじめた「アクセサリー作り」が口コミで人気を呼び、フリーマーケットやインターネットで販売したり、アクセサリー作り教室の先生になってしまったりというケースもありますよ。

●アンケートモニター

食品や日用雑貨、スキンケアや教育関連グッズなどを、実際に使ってアンケート調査に協力し、ギフトカードなどの謝礼をもらっておこづかい稼ぎ。インターネットや郵送でアンケートに答えたり、化粧品などを利用して報告書を提出したり、また、洗剤などの日用品についての座談会に出席したりするのも楽しいそうです。

私も子どもが小さい頃よくやっていましたが、高級化粧品をモニターとして使ってお肌がつるつるになり、一石二鳥だった経験もあります。

●覆面調査員

飲食店やスポーツジム、ヘアサロンにガソリンスタンドなど、お客さまのフリをして入店し、「接客、サービス、おそうじ状況」などの調査を行います。調査会社の依頼項目どおりにお店をチェックして、アンケートや報告書を提出することにで「謝礼」をもらっておこづかい稼ぎ。「子連れで行きたい飲食店の調査」などもありますよ。

ちょっとスリルを味わいたい方、オトクに外食を楽しみたい方にはお勧めです。

まずは調査会社への登録が必要です。人気がある調査などの場合は抽選になりますので、確認してくださいね。

私自身がＦＰ資格取得の勉強中に経験したもので「主婦雑誌のモニター」があります。

自分自身が実践している「家計や節約術」などについてのアンケートに協力したり、「生活のアイデア」など考えや意見を投稿したりすると、雑誌に記事が掲載されるうえに「クオカードや図書券」がもらえました。そんな経験も今のＦＰとしての仕事にずいぶん役に立っているように感じます。

本格的にお仕事をするのは環境的に難しいけれど、「自分のために少しだけ贅沢したい！」「いつも頑張っている自分に『ご褒美』をあげたい」という方は、ぜひ「おこづかい稼ぎ」にチャレンジしてみてください。一歩踏み出して何かを新しくはじめてみることにより、「自由なお金が増える」だけでなく、知らなかった世界を見つけたり、社会との接点ができたり、今後、本格的にお仕事をするためのきっかけや、自分自身の発見につながってくることがきっとありますよ！

【2】ずいぶん前に加入して放ったらかしの保険、どうやって見直しする?

家計や保険に関するセミナーで、「ご自身が入っている保険の内容をちゃんと理解していますか?」と聞くと、ほとんどの方が「入っているけれど、どんな内容だったかな?」と首をかしげます。

「就職したときに勤務先の関係で加入した保険」や「結婚前に母がかけてくれた保険」「子どもが産まれた時にこれから大きな保障が必要だよといわれて追加した保険」など、保険に入っていても、放ったらかしになっているというケースが多々あります。

また、「両親が入ってくれた保険で、保険料は親が負担、住所も実家のままになっている」など、保険の内容が把握しにくい場合もあります。

保険は人生の節目に加入する場合が多いですが、一度決めたら安心してしまって、長い間見直ししていない人が多いようです

特に30~40代の場合、子育てなどで余裕がなく保険についてゆっくり考える機会がな

かった、という人も多いでしょう。

ご相談が多い見直し例をあげてみました。ご自身に当てはまるところがないかチェックしてくださいね。

1．加入している保険の内容を把握しましょう

まずは、**「誰が誰のために加入した、誰のための保障か？」契約者と被保険者、受取人の名前**を確認します。

契約者は「保険料を払う人」、被保険者は「保険の対象となっている人」、受取人は「保険金を受け取る人」のことで、いろいろな組合せが考えられます。

次に**「保険の種類と目的、すなわち、何のために入った保険なのか？」**を確認します。

人に関わる「生命保険」の代表的なものとして、万一に備えるための「死亡保険」がありますが、その他に、病気やケガなどに備える「医療保険」、がんに特化した「がん保険」、介護状態になった時に備える「介護保険」、老後の生活に備える「年金保険」な

どがあり、中にはこれらの保険がいくつか組み合わさって一体型になっている商品もあります。一体型の保険は、「主契約（死亡保険のケースが多い）」の上に、「医療保障」や「介護保障」といった「特約」がセットになっているので、それぞれを分解して考えたほうが分かりやすいです。

2．保険の見直し例を見てみましょう

①Aさん…15年前に加入した「一体型保険の見直し」のケース

一体型の保険の場合、「主契約」と「特約」に分けることができますので、分解して見直しをします。次の保険の場合、「主契約」は一番下の「終身保障」300万円の部分のみで、それ以外は「特約」です。**「特約」は、車などでいうオプションのようなものなので、要らない部分は自由に取外しができます。**

Aさんは、長生きリスクに備えて「医療保障は一生続く終身タイプにしたい」、また、「日帰り入院から保障してほしい」、そして最近よく耳にする「先進医療の保障もつけてほしい」という希望があったので、特約の医療部分だけを解約して、新たに、単体の医

●Aさんの見直し例

15年前に加入した保険（a）の、医療保障部分を解約して、新たに単体の終身医療保険（b）に加入

（a）一体型保険

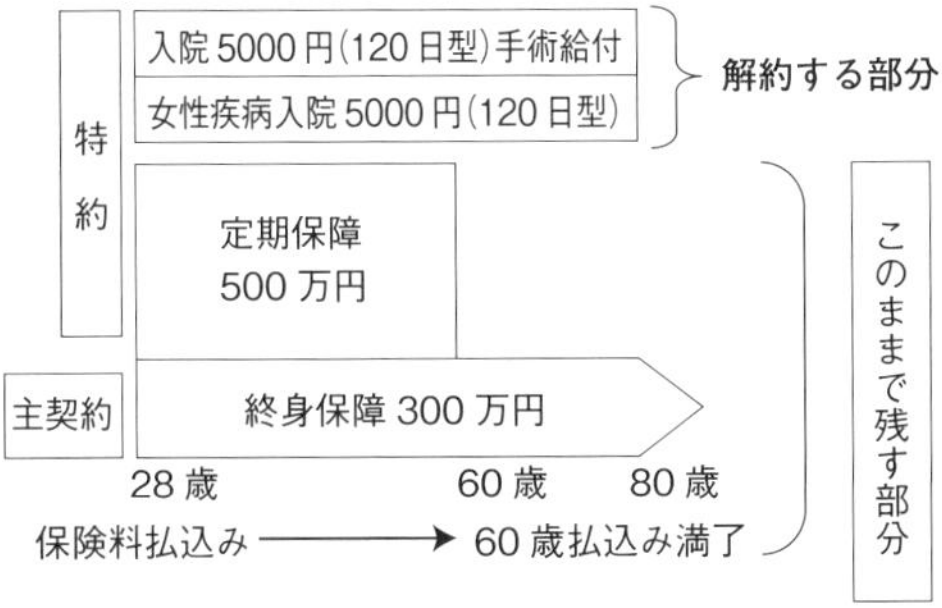

（a）一体型保険の、医療特約部分の特徴

・120日型：1回の入院につき120日まで保障
・5日目からの入院保障：4日までの短期入院の場合は給付が受けられない。
・保障期間：80歳までの保障。先進医療特約は無し

（b）単体の終身医療保険

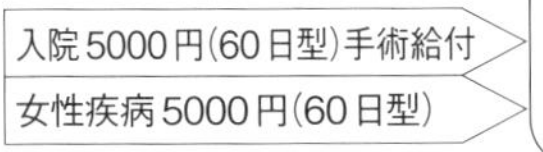

（b）単体の医療保険

・60日型：1回の入院につき60日まで保障
・日帰り入院から保障
・保障期間：一生涯
・先進医療特約付き

療保険に加入するという方法で見直しをしました。

脳血管疾患や精神疾患以外の病気の大半は、平均入院日数が60日以内であるというデータも考慮して、1回の入院につき給付される支払限度日数は、今までの120日型から60日型へと短いものに変えました。

最近は、ネット保険などの割安な医療保険も増えており、Aさんのケースの場合、「古い医療特約」を解約して新しく「単体の医療保険（b）」を追加したところ、トータルの保険料は、もとの一体型保険（a）よりも低く抑えることができました。

②Bさん……保険料が年齢とともにアップする「更新型定期保険」を見直すケース

保険料が一定期間ごとに上がっていく「更新型定期保険」を見直すケースです。

定期保険とはその名のとおり「期間が定まっている保険」で、ほぼ掛け捨てなので、貯蓄性がある終身保険と比べると保険料は割安ですが、更新型の場合、10年ごとや15年ごとに保険料が上がっていきます。

●Bさんの見直し例

10年定期死亡保障保険（男性のケース）

☆10年更新型の定期保険を⇒お子さまの成長とともに保険金額を減額した場合

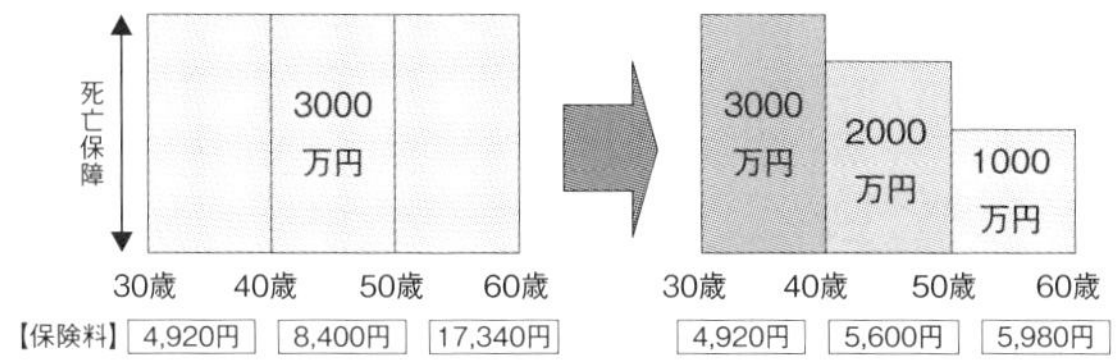

「同じ保障なのにどうしてこんなに保険料が上がっちゃうの？」と感じるかもしれませんが、加齢とともに死亡する確率は高まるため、リスクに応じた保険料になっているのです。Ｂさんの保険の場合、加入時の30歳時に５０００円弱だった保険料が、10年後の40歳時には８４００円、50歳時には１万７３４０円とどんどん上がっていくので、同じ保障内容で保険を継続するのはきついですよね。

　更新型の保険は、上記の例のように、死亡保険金額を減らすことで保険料を調整することができます。一家の大黒柱であるＢさんに万一のことがあった場合に**必要になる保障額は、末子（一番下のお子さま）が誕生した時がピークとなり、その**

後、お子さまの成長とともに減っていきますので、保障もそれに合わせて減らせばよいわけです。

「更新で保険料が上がるから、他の保険に切り替えなければ！」という発想の前に、まずは、今の保険を生かす方法を考えてみてくださいね（「必要保障額の算出方法」は第3章【3】を参照）。

③Cさん…終身保険の保険料が負担になるケース

終身保険は文字どおり「身が終わるまで」、つまり一生涯保障が続く保険です。いつか必ず受け取れる保険金のために保険料を積立てしているイメージの保険です。「掛捨て」ではなく「貯蓄性」があるので、定期保険と比べると保険料が高くなります。老後の資金作りなど、貯蓄性を重視したい、かつ、割高な保険料を払っていくことができる人にはいいのですが、家計が厳しくお子さまにお金がかかる一定期間だけの保障を優先したい人にはお勧めできません。

既に終身保険に加入している場合、定期保険に切り替えれば大幅に保険料を減らすこ

●Cさんの見直し例

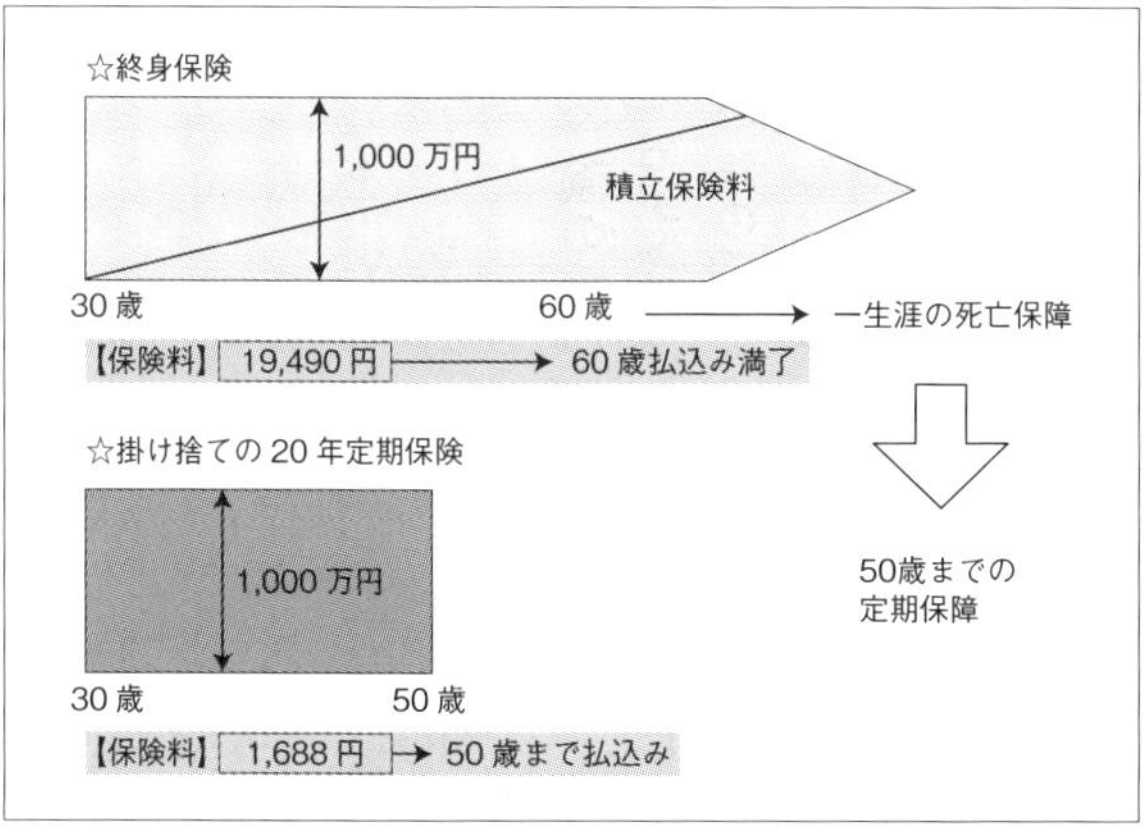

とができます。なお、終身保険には貯蓄性があるため、解約するとある程度の解約返戻金を受け取ることができます。上記の例のように、定期保険に切り替えれば、終身保険の10分の1以下の保険料で同じ死亡保障を得ることができます。

保険にはさまざまな種類があります。万一の場合に「いくら必要なのか？」だけでなく、「いつまで保障が必要なのか？」「保険料が高くても貯蓄性を求めるのか？　それとも、お手頃な保険料で大きな保障がほしいのか？」など、**保険に加入する目的をしっかり持つことが大切です。**

そして、すでに加入している保険を整理するときは、それぞれの保険を解約する場合のデメリットを考えて、優先順位をつけてみましょう。

保険は年齢や家族構成や生活環境によって必要性が変わってきますので、**「契約時しっかり考えて決めた保険であっても定期的に見直しをしなければなりません。」一度、保険証券を出してみて「どんな内容だったか？　今の状況にあっているか？」チェックしてみましょう**（「死亡保険の種類」については113頁の図参照）。

☆お宝保険の扱いは慎重に！

「お宝保険」とは、平成のはじめ頃など、予定利率が高かった時に契約した貯蓄性のある保険のこと。

保険は一般的に長期固定金利の商品なので、終身保険、養老保険といった「貯蓄性のある保険」の場合は、加入した時期の運用利率が契約期間中ずっと継続します。ですから、**この時期に加入した保険は、これから加入する保険とは比べ物にならないくらい高い予定利率が継続している可能性があるので「やめたらもったいない保険」のケースが多い**

のです。

「古い保険だから」「特約が今の医療事情に合ったものではないから」などという理由で内容を見直す場合は、慎重に行いましょう。

Ａさんの見直し例（159頁）の例のように、一体型の保険等の場合は、貯蓄性のある部分だけを残して、特約のみ解約することも可能ですし、**保険料の払込みが困難になった場合は、解約せずに保険料の払込みをストップし、それまで支払った保険料を元手にして保険を継続する「払済保険」に切り替えることも可能です。**

ご自身で解決できないときは、プロに相談してみるのもよいでしょう。加入している保険の内容を詳しく知りたいときは、まずは契約中の保険会社に内容を確認してみてください。

中立的な立場で意見を求めたい場合は、ＦＰに相談するのも１つの方法です。ＦＰに相談するメリットは、加入中の保険内容だけでなく、その人のライフプラン全体から包括的に「保険で備えるべき保障」について考えられることです。また、ＦＰは保険だけでなく、「幅広いお金の知識」を持っていますので、ぜひ、「かかりつけ医」ならぬ、「かかりつけＦＰ」をつくって相談してみてくださいね。

【3】気をつけなきゃいけないお金のトラブルって？

セミナーで「お金が好きなひと？」と聞くと、みなさん恥ずかしそうに手をあげてくれます。そうですよね。あまり口にはしないですが、ほとんどの人は「お金」は大好きなのではないでしょうか？

お金って何？「働いて稼ぐもの」「夢をかなえるのに必要なもの」「無くてはならないもの」いろんな意見がでます。でも、みんなが大好きな「お金」ですが、使い方を間違えれば、「トラブルや不幸のもと」になってしまうこともあります。

主婦のみなさんや、お子さまにも気をつけてほしい、お金のトラブルについてお話します。

1．リボ払いに要注意

学生向けのパーソナルファイナンスの授業でもよくお話しするのが「リボ払いのしくみと怖さについて」。特に、これからクレジットカードを持つ予定の大学生などにとっては、興味がある内容ということもあり、かなり真剣に耳を傾けてくれます。

リボ払いとは、消費者金融やクレジットカードの返済方法の1つで、一定の利用限度額を設定して、その範囲内であらかじめ設定した金額を分割して払う方法のことをいいます。

例えば、１００万円という限度額を決めて、毎月1万円ずつ返済するという設定にすると、「限度額の１００万円以内ならばいくら買い物をしても、毎月１万円だけを返済していけばＯＫ」というしくみです。「月々1万円」さえ払えれば、どんどん買い物ができてしまうという、とっても便利な買い物方法なのです。

でも、**「リボ払い」の怖いところは、毎月の支払額の中に利息も含まれているというところです。**分割で買い物をするということは、言い換えると、借金して買い物をしているのと同じで、当然利息がかかってきます。だいたい、年利率14～15％程度かかりますが、「年利率15％がどれくらいか？」というと、１００万円を1年間借りたら15万円の利息がかかるという割合になります。かなりの高利率だと思いませんか？

●リボ払いのイメージ図

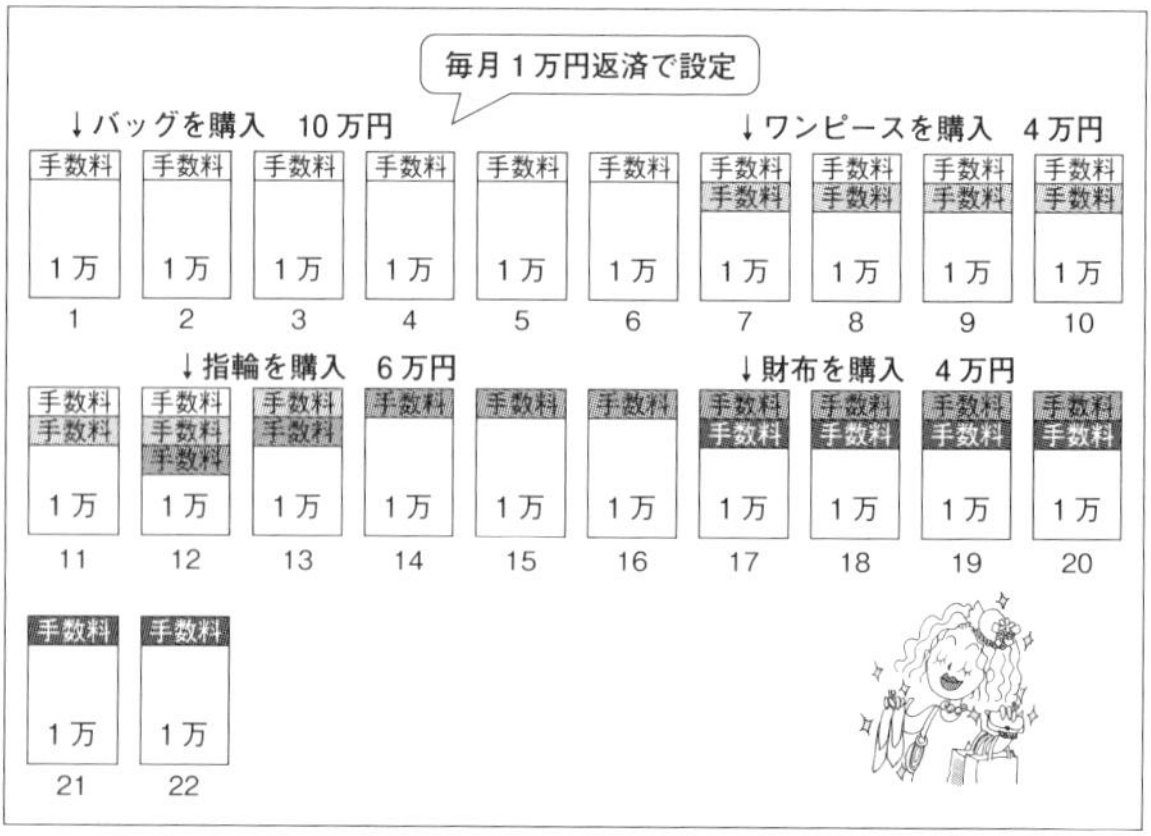

この利息が毎月の返済額に含まれているので、**次々に買い物をすると、利息が膨らんで毎月の返済が利息ばかりになって元金がなかなか減らず、雪だるま式に負債が膨らんでしまう可能性があるのです**（上記イメージ図参照）。

クレジットカードがあれば誰でも簡単に買い物ができる「リボ払い」。「リボ払い契約をすれば、○○ポイントプレゼント」などといった、キャンペーンに惹かれて「ついついリボ契約をしてしまった！」というのもよくある話です。

実際「毎月の返済額が少額なので返していけるだろう！」という安心感から、複数のカードで使いすぎて、「気づけば多重債務状態に陥ってしまっていた」というケースも少なくありません。

リボ払いとは「お金を借りるのと同じこと」、お金を借りれば「元金だけでなく利息も上乗せして必ず返済しなければならないということ」、そして、「利息は思っている以上に高い可能性があること」を忘れないようにしてくださいね。

2．インターネットでのお買い物は要注意

インターネットやスマートフォンが身近になり、ネットショッピングを利用している人も多いのではないでしょうか？　お店に出向く必要もなく、自宅で簡単に買い物できるのはとても便利ですが、ここ数年トラブルも急増しています。

最近増えているのが、「ブランド品購入のトラブル」です。「ネット通販で注文してお金を払ったのに商品が届かない」、商品は届いたものの、「送り主が外国の住所になっていてどうやら偽物っぽい」といったケースです。安易にクレジットカードの番号を入力して悪用される可能性もありますね。

ネットで旅行を予約する場合も注意が必要です。最近は、旅館やレンタカー、航空

機、海外のホテルなどでも予約サイトを利用すれば簡単に手配ができるようになりました。もちろん信頼のおけるサイトもありますが、中には手続きの途中個人情報だけを抜き取ってからエラー表示をだし、不当にキャンセルチャージなどを請求する悪徳業者などもあります。

ネットを利用する以上、こういった**ネット通販でのトラブルを100％回避するのは難しいですが、気をつけることによってトラブルを防ぐ方法はあります。**まずは、取引している相手が信頼のおける業者なのかを必ず確認しましょう。会社名や住所、電話番号、返品やキャンセルする場合の条件など。旅行会社ならば、登録旅行業番号の記載があるかをチェックします。

「支払口座の名義が個人の名前」「販売価格が格安」「連絡先のメールアドレスがフリーメール」「住所や電話番号の記載が無い」こんなサイトは危険ですので利用しないようにしましょう。

また大きなショッピングモールであっても、実際の店舗は別会社ということもあります。代金の振込み、クレジットカード決済をしてしまってから、不正に気づいてお金を取り戻すのはかなり困難です。ネットショッピングを利用する際は、しっかり調べてから利用してくださいね。

☆子どもとケータイ、お金のトラブルに注意!!

小中高生が普通にケータイやスマホをもつようになり、ネットトラブルが問題になっています。ＬＩＮＥと呼ばれるチャットアプリなどによる「集団イジメ」や「ケータイ依存による引きこもり」、そして「ネットとお金に関わるトラブル」も増えています。

●ゲームの課金アイテムに要注意

オンラインゲームの有料のアイテムを使い過ぎて高額な請求が届くケースです。

次々に画面をクリアしてレベルアップするゲームや、オンラインで対戦できるゲームの場合、課金することにより強力なアイテムが使えたり、画面を早くクリアできたりするので、子どもに限らず大人でもついついはまってしまう人が多いようです。課金さえすれば、「そのゲームの世界では『強い人』としてステイタスを得ることができてしまう恐ろしさ」、ゲームという仮想の世界に溺れてしまう人がいるというのも納得できる気がします。さらに怖いのは、一度クレジット登録をすれば、次回からはＩＤやパスワードのみで、「どんどんほしいアイテムが購入できてしまうこと」。子どもが、親のカード番号を勝手に入力して使っていたというトラブルも発生しています。決済方法としては、クレジットカード支払いの他に、次回の携帯使用料と一緒に請求されるケースもあります。有料アプリ利用はくれぐれもご注意くださいね。

●架空請求は無視しよう

突然、身に覚えがないような相手から「登録料金を払ってください」とか、「有料サイトにアクセスし会員登録が完了したので入会金を払ってください」といったメールが届くケース。一瞬ドキッとしそうですが、身に覚えがない場合は無視するのが基本です。

ただ、子どものケータイ等にそのようなメールが届いた場合は注意する必要があります。小中学生に、

「ケータイにそんな請求が届いたらどうする?」と質問すると、

大多数の子ども達が

「請求額が1万円位ならば払えないので親に相談するけれど、2～3000円程度ならば、おこづかいで払ってしまう!」と答えるそうです。

「親に話して叱られるくらいならば、自分で解決する方がマシ!」ということですね。

●アンインストールで契約は解除されない！

大人にも多い、通信料を払い過ぎているケースです。有料アプリをインストールして、使わなくなったらアンインストール。これで終了と思いきや、契約だけは残り続け、ずっと利用料が課金され続けることがあります。「アンインストール＝契約解除」とはならないので、注意してくださいね。

「子どもにはケータイは持たせない。自分で稼げるようになってから」ひと昔前ならば、そんな方針も「うんうん」とうなずけましたが、今や1人1台以上のケータイやタブレットが当たり前。スマホが無いと就職活動すらできないという世の中です。必ず使うことになるケータイならば、早い段階から「上手な付き合い方を身につけるべき」という考え方もあります。最近は、高校などでケータイを学生全員に持たせるというしくみを導入しているところもあります。

子どもが、将来ネット社会で上手に生きていくためには、「ケータイを持たせない」よりも、「ケータイを管理できる能力を身につけること」の方が大事なのかもしれません。

「ネットの危険性やケータイを利用する際のルール」についてご家庭でぜひ話す機会をつ

くってくださいね。

【4】公的年金ってどんなしくみ？「いつから」「いくら」受け取れるの？

老後の暮らしに欠かせない「年金」。最近は年に一度は「ねんきん定期便」が届くようになり、少し身近に感じるようにはなりましたが、実際、「どうやって計算して、いつからいくら受け取れるか？」となると、よく分からないという人が多いようです。
そして、「年金保険料アップ」「年金財源不足」「年金の受給年齢の引上げ」など、心配になるようなニュースばかりが目に飛び込んでくるので、「将来ちゃんと年金がもらえるのだろうか？」と不安に感じてしまうこともありますよね。

実際、日本の年金制度は、現役世代が今払っている保険料を仕送りのように高齢者に給付する「賦課方式＝世代間で支え合うというしくみ」をとっているので、残念ながら今一生懸命払っている年金保険料が、将来自分のところに確実に戻ってくるという約束はありません。

そして、少子高齢化が進み「年金を受け取る年金受給世代の人数」と「年金保険料を払う現役世代の人数」のバランスが崩れ、将来この制度が継続できるかが不安視されています。

今の年金のしくみは今後変わっていく可能性はありますが、これからの変化を理解するためにも、まずは現状のしくみを知っておきましょう。

1．ざっくりとした「公的年金のしくみ」を見てみましょう

「年金」というと、生命保険会社などで任意で加入する「個人年金」などの私的な年金もありますが、ここでは公的な年金について説明します。

公的年金は、2階建てのしくみになっています。

会社員や公務員など外に出てお仕事する人のほとんどは、2階部分である厚生（共済）年金にも加入するため、手厚い年金が見込めますが、自営業やフリーランス、主婦などは、2階部分がなく、1階部分の国民年金（老齢基礎年金）だけなので、老後に受

●公的年金のしくみ

	（会社員・公務員の場合）	（自営業・フリーランス・主婦など）
2階	厚生年金（老齢基礎年金） ※公務員の場合は共済年金	
1階	国民年金（老齢基礎年金）	国民年金（老齢基礎年金）

け取れる年金額は会社員などに比べずいぶん少なくなります。

「老後資金をどれだけ準備すればよいか？」を知るためにも、ご自分がいつからいくら年金が受け取れるかを把握しておきたいですね。特に、自営業などで国民年金しか加入していない場合は年金額が少ないので、しっかり自分で準備する必要があります。

2．国民年金（受け取る際は「老齢基礎年金」）とは？

20歳から60歳未満の国民すべてが加入しなければならないのが1階部分の「国民年金」です。きちんと受給権を満たせば、65歳から一生涯年金を受け取ることができます。ちなみに、年金保険料を納めている期間中は「国民年金」といいますが、実際に年金を受け取るようになると「老齢基礎年金」と呼びます。ちょっとややこしいですね（以後、老齢基礎年金は「老齢ねんきん」と記載します）。

国民年金保険料は月額１万５２５０円（平成26年度）です。これを、20歳から60歳までの40年間すべて納めれば、65歳から亡くなるまでずっと年間で満額77万２８００円（平成26年度）を年金として受け取ることができます。といっても、月額にすると６万４４００円しかありませんので、これだけで生活をしていくのは難しそうですね。この試算は、平成26年度額で算出していますが、支払う保険料も受給年金額も毎年見直しされます。受給額は残念ながら減少傾向にあり、昨年よりも月額４７５円ダウンしています。

一方、払う方の保険料は増える傾向にあります。仮に１万５２５０円（平成26年度額）を40年間で総額７３２万円払ったとして、年額77万２８００円を65歳から90歳まで25年間受給することができれば総額で約１９３２万円となり、払った額の約２・６倍程度受け取れることになります。ただ、２・６倍は90歳まで生きたケースです。**公的年金は一生涯続く終身年金なので、長生きするほどたくさん受け取れますが、短命だと払い**

損になってしまうこともあります。

「老齢ねんきん」は払った年数に応じた金額を受給できますが、現状では25年以上加入期間がなければ受給資格が得られないため、加入期間が25年未満の場合は保険料を納めていても「老齢ねんきん」は受け取れないしくみになっています（平成27年10月以降、受給資格期間が10年に短縮されます）。

また、現在「老齢ねんきん」は65歳からもらえるしくみですが、将来的には受給開始年齢を70歳等に遅らせるという案も出ています。

年金というと、「老後のため」というイメージが強いですが、実はそれだけではありません。国民年金に加入していれば、万が一、**障害状態になってしまった場合は「障害基礎年金」を受け取ることができます。また、国民年金に加入している人が亡くなった時、18歳未満の子どもがいる妻や夫、子どもで条件を満たす場合は「遺族基礎年金」を受け取ることができます。**

ところで、20歳以上60歳未満に加入が義務づけられている「国民年金」ですが、定

●３つの基礎年金の受給額

・老齢基礎年金の額

年金額（平成26年度）	772,800円
月　額	64,400円

・障害基礎年金の額（平成26年４月分から）

障害等級 1級	966,000円
障害等級 2級	722,800円

・遺族基礎年金の額（平成26年４月分から）

年金額	772,800円
子の加算	各222,400円（第１子・第２子）
子の加算	各 74,100円（第３子以降）

職がない、大学生で収入がないなどという理由で、「保険料を払っていない」人が増えています。

セミナーなどで、必ずお伝えしていることは、**「年金保険料が払えない場合は、きちんと免除の手続きをしてくださいね！」ということです。**

私たちが払うべき国民年金保険料の半分は、国が負担してくれています。言い換えると、税金などで半分は間接的に払っているのだから、払った分はもらわないと損！　とも解釈できるのです。**支払いが厳しいという理由で、保険料の支払免除の手続きをしたとしても半分は国が保険料を払ってくれるので、将来、受給要件さえ満たせば、その分の年金はきちんと受給できるわけです。**これが、免除の手続きをせずに滞納してしまうと、将来の年金額にも反映されないですし、万が一、障害者になってしまっても、障害年金を受け取ることができなくなります。

このような話をすると、「うちの夫は、厚生年金には入っているけれど、国民年金は入っていないかもしれない」と、ドキっとする方がいらっしゃるようです。確かに、会社員のお給料明細には、「厚生年金保険料」という項目があっても、「国民年金保険料」という項目はありませんね。でも大丈夫ですよ。**厚生年金に加入していれば自動的に国民年金にも加入できるようなしくみになっているので、国民年金保険料として別途払う必要はありませんのでご安心くださいね。**

また、専業主婦で「国民年金保険料なんて払っていないわ」と不安になる方もいらっしゃいます。会社員や公務員の妻などで夫の扶養に入っている場合は、国民年金の区分で「**第3号被保険者**」という扱いになり、その間、まったく国民年金保険料を納めなくても、国民年金保険料を支払っている人と同じように「老齢ねんきん」を受け取ることができるのです。

一方、夫が自営業などの妻の場合は、妻自身も国民年金保険料を納める必要があります。会社員などの妻はとても恵まれていることが分かりますね。

ちなみに、自営業やフリーランスで国民年金保険料をご自身で納めている人は「第1号被保険者」、会社員（公務員）など厚生年金（共済年金）に加入している人は「第2号被保険者」と呼びます。

3. 厚生年金（公務員の場合は「共済年金」）とは？

会社員などが加入するのが「厚生年金」です。公務員の場合は「共済年金」と呼び方は違いますが、同じようなしくみです。

「厚生年金」は、「国民年金」のように保険料は一律ではなく、その人の収入に応じた保険料を支払います。加入期間も、国民年金のように20歳から60歳などと決まっておらず、会社などに勤めている期間で条件を満たせば70歳まで加入することができます。受け取る年金額は、払った保険料額と加入期間をもとに計算するので、収入が多くたくさんの保険料を長い期間払った人のほうが、将来受け取る年金額も増えることになります。

ただし、厚生年金を受け取るには、老齢基礎年金の受給資格を満たしていること。つ**まり、25年以上の国民年金の加入と、厚生年金に1年以上加入する必要があります。**

厚生年金の受給開始年齢は現状のしくみでは、男性は昭和36年4月2日生まれ以降、女性は昭和41年4月2日生まれ以降の人は65歳からです。これ以前に生まれた人に関しては、段階的に受給開始年齢が引き上げられていますが、現在すでに70歳以上の厚生年金に加入してきた高齢者の大半は、60歳から年金を受け取っています。お年寄りで悠々自適に暮らしている方が多いというのは納得できる気がしますね。

子育て主婦の場合、厚生年金はどうなるのでしょうか？

専業主婦の場合、その間は厚生年金には加入できませんが、過去に会社員などの経験があれば、加入実績に応じた厚生年金を、将来受け取ることができます。また、**正社員やパートで年間で130万円以上の収入がある人は、夫の扶養に入らずご自身の厚生年金に加入することになります**（「専業主婦が社会復帰する際の働き方」については、次の【５】１０３万円の壁・１３０万円の壁ってなあに？　のところで詳しくお伝えします）。

パートなど、仕事復帰する方からは「ちょこっとだけ加入したところで年金増えないでしょ～」という声もよく聞かれますが、前述したとおり「**老齢厚生年金**」は「**老齢基礎年金の受給資格**」**さえ満たせば、1年以上の加入でちゃんと払った分に応じた年金がもらえます。**「今頑張って、少し老後のおこづかいを増やそう」と考えるとよいかもしれませんね。

さて、厚生年金に加入している世帯が実際に老後もらえる年金額はいくらくらいになるのでしょうか？

厚生労働省の調査結果によると、夫が平均的収入（平均標準報酬月額36万円）で40年間働いて、妻がその期間すべて専業主婦であった世帯の「夫婦２人分の老齢ねんきんを含む標準的な年金額」は、月額22万６９２５円（平成26年度、平成25年度よりも１６６６円ダウン）となっています。

自営業の場合は、国民年金だけなので、前述した通り満額でも月額6万4400円（平成26年度）、夫婦でも倍の13万円弱ですので、厚生年金加入世帯のほうが10万円程多い計算になります。

この数値は、あくまでも現時点での平均値なので、今の30代～40代が将来受け取れる年金額は、夫婦の働き方や収入、厚生年金の加入状況によって違ってきます。

実際の年金額は、毎年、誕生日月に送付される「ねんきん定期便」をもとに試算してみてくださいね。

また、**厚生年金にも、国民年金と同じく「障害厚生年金」や「遺族厚生年金」があります。**

「障害厚生年金」は「国民年金の障害基礎年金」よりも基準が緩く、障害等級3級から年金を受給することができます。「遺族厚生年金」も、「国民年金の遺族基礎年金」よりも、受給できる条件が緩くなっており、子どもがいない配偶者でも受給できます。

「遺族厚生年金」は、亡くなった本人が受給できる可能性があった老齢厚生年金（報酬比例部分）のおおよそ4分の3になります。若い時に亡くなった場合など、加入期間が短い場合は、遺族の生活を考慮して、最低300か月は加入したものとして計算します（「遺族年金の算出方法」については、第3章【3】参照）。

ざっくりとした、公的年金のしくみについて見てきました。

まずは、ご自身がどの年金に加入しているのかを確認したうえで、将来どれくらい受け取れそうか、試算してみましょう。

そして、年金だけでは足りない部分をどうやって補うか。例えば積立貯蓄をする、民間の個人年金に加入するなど、老後の資金計画を立ててみましょう。

☆心も身体も豊かな老後を迎えるために！

最近若い方でも、「老後資金が足りるか不安で…」と相談に来る人が増えています。実際、人生における3大資金にも「老後資金」が含まれているように、思った以上に負担が大きいのが「老後にかかるお金」です。今の高齢者は比較的富裕層が多いのですが、年金額はどんどん減る傾向にあり、受給開始年齢は引き上げ、高齢者の医療費負担は増すばかりで、私たちが老後を迎えるにあたって、よいニュースはほとんどありません。

老後資金として60歳までに「〇千万円貯めておけば大丈夫!」などといった新聞記事なども見かけますが、実際、老後に必要なお金の額は人それぞれですよね。

生命保険文化センターの「生活保障に関する調査(平成25年度)」によると、老後最低日常生活費は22万円、ゆとりのある老後生活費は平均35・4万円となっており、どう暮らしたいか? によってずいぶん差が出てきます。また、持ち家でローンも完済しているのか? 賃貸住宅で今後も毎月家賃の支払いが必要か? でも全然違ってきます。

メディアなどの数値にはあまり踊らされずに、今の生活にかかるお金と、ご自身の価値観で、老後に毎月どれくらい必要かを予測してみましょう。仕事をリタイヤした後のセカンドライフは、思った以上に自由な時間があり、趣味やレジャー、旅行、交際費、孫や子どもへの援助などで現役時代よりも出費がかさんでしまう可能性もあります。

仮に毎月の支出額が30万円、夫婦の合算年金額が月額23万円で、夫婦ともに65歳でセカンドライフがスタートと仮定した場合、90歳までの不足額は、7万円×12か月×25年で2100万円ということになりますね。夫婦の年金が国民年金のみで月額12万円程度だとすれば、毎月の不足額18万円×12か月×25年で5400万円になります。

プラスアルファとして、病気になって医療費がかかったり、車の買い替えや家のリフォームなど、まとまった出費が発生することも考えられるので、臨時費用としても別途用意しておく必要があります。

私の老後のささやかな夢は、のんびり「プチ贅沢」を楽しむこと。今の仕事に定年はありませんが、60歳過ぎたらペースダウンして「自由な時間」も満喫したいです。夫婦で旅行に行ったり、女友達と音楽会や美術館巡りをしたり、時には孫にプレゼントをしたり！　昔少し嗜んだ「お茶のお稽古」も、もう一度はじめてみたいですね。

そんな夢を実現するためには「お金」だけでなく、「健康」が必要条件となりそうです。健康を害して闘病生活が長くなったり、寝た

きりになってしまったり、医療費がかさむことになれば、せっかくの老後が台無しになってしまいますよね。

心も身体も豊かな老後を過ごすことができるように、早い時期から計画的に老後資金の準備を始めるとともに、20〜30年後の夢を思い描いて、「健康づくり」も合わせて取り組んでいくことが大切だと思っています。

【5】103万円の壁・130万円の壁ってなあに？

子育てが一段落して「パートでお仕事をはじめよう！」と思ったときに、気になるのが「103万円の壁・130万円の壁」です。

「夫の扶養に入っている場合、どれくらいなら稼いでいいの？」

「夫の扶養から外れてしまうと損するって聞いたけど、どういう意味？」

「社会保険や雇用保険はどうなるの？」

主婦の会話の中ではいろいろな情報が飛び交いますが、「どういうしくみか」と聞かれると「よく分からない」と答える人が多いようです。

それぞれのしくみについて説明しましょう。

１．１０３万円の壁とは？

「自分の収入に対して税金を払わなければならない壁」です。

パートやアルバイトで受け取ったお給料が総額１０３万円以上になれば、１０３万円を超えた部分に対して所得税がかかります。なお、通勤にかかる交通費の実費（一定額まで）は非課税所得ですので、１０３万円には含めません。

「どうして１０３万円なのか？」を理解するために、所得税の計算式を簡単に説明しましょう（次頁例１・所得税の速算表参照）。

税金は、税額を算出するための基礎となる「課税所得」に、所得税率（5～40％）を掛けて計算します。その際、収入から差し引くことのできる「控除」があります。例えば、仕事でお給料を受け取る場合には、「衣服代や靴、バッグなどお金がかかるでしょう」と、経費のような意味で収入から差し引いてもらえるのが「（A）給与

●自分が払うべき税金を計算してみよう（例1）

課税所得＝収入－給与所得控除（A：65万円）－基礎控除（B：38万円）

※「課税所得」：税金を算出するための基礎となる金額

（A：給与所得控除）：年収162.5万円までならば65万円、収入に応じて増えていきます。

（B：基礎控除）：38万円　納税者であれば誰でも引いてもらえる控除。

税金（所得税）＝課税所得×所得税率（5～40%）－控除額

※下記速算表　参照

①収入が103万円の場合　課税所得＝103万円－65万円（A）－38万円（B）＝0円→（税金　なし）

⇒課税所得が0円なので税金はかかりません。当然収入が103万円以下でも同じです。

②収入が123万円の場合　課税所得＝123万円－65万円（A）－38万円（B）＝20万円

⇒税金　20万円×5％＝1万円（下記速算表より）

※社会保険料控除、医療費控除、生命保険料控除等、給与所得控除以外の控除額は考慮していません。

※復興特別所得税（原則としてその年分の基準所得税額の2.1%）は考慮していません。

●所得税の速算表（平成26年分）

課税される所得金額	税　率	控除額
195万円以下	5%	0円
195万円を超え330万円以下	10%	97,500円
330万円を超え695万円以下	20%	427,500円
695万円を超え900万円以下	23%	636,000円
900万円を超え1,800万円以下	33%	1,536,000円
1,800万円超	40%	2,796,000円

（出典：国税庁HP）

※平成27年1月1日以降は、現行に加えて、4,000万円超の部分に45%の税率が設けられます。

●配偶者控除と配偶者特別控除制度のしくみ（配偶者が給与所得者の場合）

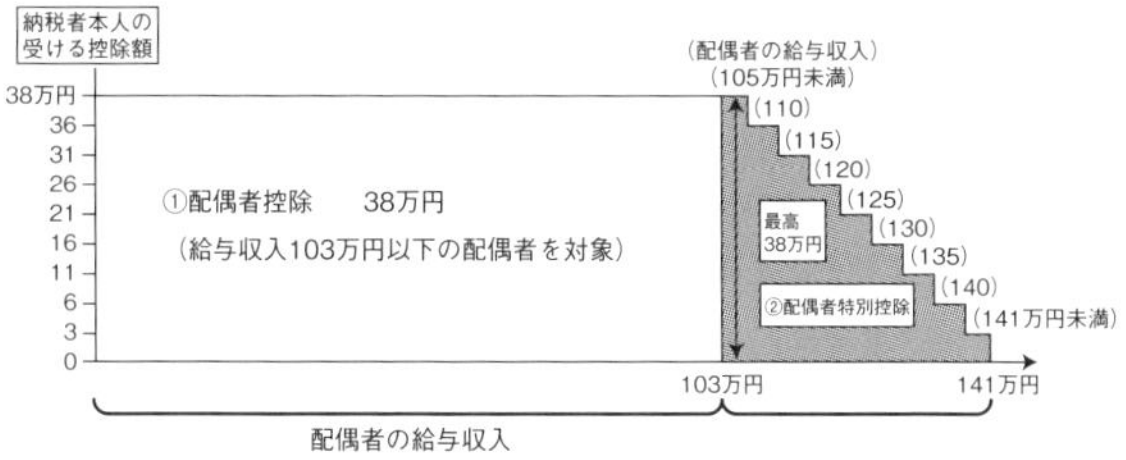

（出典元：財務省ＨＰ）

所得控除（収入が１８０万円までの場合65万円）」です。それ以外にも、納税者であれば誰もに認められている控除として、「（Ｂ）基礎控除（38万円）」があります。

収入が１０３万円を超えたので「税金がかかる」と言われると、ドキッとする人が多いようですが、１０３万円を若干オーバーしても、ご自身が支払う税金が急激に増えることはありません。収入が１２３万円の場合でも、税金は１万円で済みます（前頁の例１の①②参照）。

「妻の税金が増えること」以上に心配なのは、夫の収入に与える影響です（**ここでは、妻が夫の扶養に入っているケースで記述していますが、夫が妻の扶養に入る逆の場合も同じ扱いになります**）。

妻の収入が１０３万円以下（妻の年間所得が38万円以下）の場合は、夫の所得から「配偶者控除」（上記図の

●夫の税金を計算してみよう（例２）

課税所得＝収入－給与所得控除（A）－基礎控除（B：38万円）－配偶者控除（C：38万円）または配偶者特別控除（C：3～38万円）

税金（所得税）＝課税所得×所得税率（5～40%）－控除額
※税金の計算式は　190頁「所得税の速算表」参照

例）① 配偶者控除ありのケース（妻の収入が103万円以下）
夫の課税所得＝年収600万円－174万円（A）－38万円（B）－38万円（C）＝350万円
税金：350万円×20%－42.75万円＝27.25万円

② 配偶者（特別）控除なしのケース（妻の収入が141万円超）
夫の課税所得＝年収600万円－174万円（A）－38万円（B）－なし（C）＝388万円
税金：388万円×20%－42.75万円＝34.85万円

⇒②の場合、配偶者控除がなくなることにより、①よりも7.6万円税金がアップします。

※税率は収入に応じて５％～40%と変わりますので、配偶者（特別）控除が与える影響も税率により変動します。

①）として38万円引いてもらえるので、その分、夫の税金が軽減されます。

でも妻の年間収入が増えて、103万円超141万円未満で、かつ、夫の所得が1000万円（給与年収1230万円）以上の場合、「配偶者控除」には該当せず、「配偶者特別控除」（前頁図の②）という扱いに変わります。「配偶者特別控除額」は妻の収入が増えると段階的に減っていくしくみになっていますので、控除が減った分だけ夫の課税所得が増加し、結果、夫の税金が増えることにつながります。

さらに、妻の年間収入が141万円以上になると、「配偶者特別控除」も対象外となってしまうため、夫の課税所得はさらに増えて税金もプラスになります。

具体的には例2（前頁）のようになります。

なお、住民税に関しては、非課税限度額が35万円ですので、パート収入が100万円を超えると住民税（所得割）がかかることになります。

「夫の税金が増えること」以上に家計にダメージを与えかねない、**「もう1つの注意点」があります。それは「夫が勤めている会社の配偶者（家族）手当がストップしてしまう可能性」です。**

会社が支払う配偶者手当などの基準も、配偶者控除が受けられる基準である103万円に準じているところが多いようです。会社によって、手当の額や支払いに関する規定は異なりますので、お勤めの会社で確認してみてくださいね。

2. 130万円の壁とは？

「夫の扶養から外れて、自分自身が社会保険に入らなければならないといわれる壁」です。社会保険とは、「健康保険・厚生年金保険・雇用保険等」のことで、ご自身の収入が130万円を超えると加入しなければなりません（厳密にいうと、130万円というのは条件の1つであり、130万円以下であっても、概ね他の正社員の4分の3以上の労働時間で雇用期間が2か月を超える場合は、収入に関係なく社会保険に加入しなければならないとなっています。雇用保険については基準が異なり、1か月の労働時間が20時間を超えた場合、加入が義務づけられています）。

ご自分で社会保険に加入すると、それぞれに対して保険料を支払うことになるため、結果、手取り収入が減ることになります。また、同時に夫の扶養から外れることになり、夫の会社から支給されていた配偶者手当などがなくなる可能性もあります（会社によっては、103万円を基準にしているところや、妻の収入に関係なく支給するケースもあるようです）。

まず、ご自身が「**健康保険**」に加入したらどう変わるのか考えてみましょう。**夫の扶養に入っていた時は保険料を支払うことなく、扶養家族として3割負担で健康保険制度を利用できましたが、自分で健康保険料を支払って、自分名義の健康保険証を持つことになります。**ご自身の健康保険を通じ、病気やケガで会社を休んだ時の「傷病手当金」や、出産したときには「出産育児一時金」の給付も受けることができます。

デメリットは、世帯全体の家計から妻の健康保険料分の支出が増えることです。また、夫の会社の健康保険制度の扶養家族からも外れるため、仮に夫が勤める会社に優遇された上乗せ給付などの手厚い保障があったとしても、その保障は受けられなくなります。

次は「**厚生年金保険**」についてです。夫の扶養家族の場合は「第3号被保険者」という立場で年金保険料の支払いは免除されていましたが、「第2号被保険者」としてご自身で年金保険料を払うことになります。**収入から保険料が差し引かれるため、お給料の手取り額は減りますが、保険料として払った分に応じて、将来の自分の年金を増やすことができるという大きなメリットがあります。**

本章【4】3．の「厚生年金」のところでも述べた通り、厚生年金は、加入期間が短かったとしても、国民年金の受給資格期間である25年（平成27年10月より10年に変更）を満たしさえすれば、払った保険料と期間に応じて、将来受け取る厚生年金額を増やすことができますので、決して無駄になることはありません。

なお、「**雇用保険**」については基準が異なり、1か月の労働時間が20時間を超えた場合、加入が義務づけられています。**雇用保険に加入すれば、一定期間働いて離職した場合に、失業給付や職業訓練が受けられたり、出産時に育児休業給付を受給したりすることもできます。**

3．新しい壁……106万の壁とは？

平成28年10月より、130万円の壁のしくみが変わり、新たに「106万円の壁」ができます。

「パートタイマーに対する社会保険の適用範囲の拡大」により、社会保険に加入しなければならない収入基準が130万円から106万円（月額8・8万円）以上、所定労働時間は週20時間以上に引き下げられます。なお、現段階では、従業員が501人以上の規模の会社に限られており、それ以下の規模の会社については従来どおりの基準が適用される予定です。

現在、月10万円程度、年間120万円程度を目安にお仕事をしている人（501人以上の規模の会社に勤めている場合）は、厚生年金に加入することになります。将来の年金額を増やすことにはつながりますが、社会保険料の支払い負担が増え、給料の手取り額が減ってしまいます。

現状の130万円の壁の場合、社会保険料を払っても手取り額を減らさないようにするためには、「**年間150万円程度以上の収入を得る**」というのが1つの目安になります。ただ、「106万円の壁」に変われば、また状況が変わってきます。

また、「106万円の壁」に限らず、「103万円の壁」のところでお話しした配偶者控除についても、数年前より廃止案も検討されており、世の中の動きとして、専業主婦

など「扶養に入っている妻」に対する優遇はどんどん縮小する傾向にあります。

専業主婦にとっては、あまりうれしくない話かと思いますが、逆に「壁にとらわれず思い切って働きたい」「正社員などキャリアアップを目指したい」という女性が増えるとすれば喜ばしいことだと思います。

「壁は気にせずバリバリ働いて収入を増やすのがよいか？」

「働くのはほどほどにして、扶養控除内で上手にやりくりするか？」

長期的に考えた場合にどうするのがベストか。仕事をはじめる際は、しっかり考える必要がありそうですね。

4．働く30代～40代女性が急増中!!

働く女性が増えています。総務省の調査によると、2013年の15歳から64歳までの女性の就業率は63・0％と1968年以降で最も高くなっています。子育てなどで忙しい30代は67・0％ですが、40代は最も高く71・8％と高くなっています。

アベノミクスにおける成長戦略の1つである「女性の活用」の効果もあって、企業が女性を積極的に活用する方向に進みはじめ、雇用情勢がよくなってきているという背景もありますが、消費税のアップや年金問題、医療費負担など、将来への不安が高まる中、「私が働きに出て収入を増やさないと！」と頑張っている女性が増えているのでは、というように私は感じています。

また、**私も期待している制度として、国が行っている「中小企業新戦力発掘プロジェクト」があります。**「子育てなどで、いったん仕事から遠ざかった主婦の経験や能力を中小企業で活かしていく」というしくみで、ブランクのある主婦でもスムーズに仕事に就けるように、国の費用負担で、職場実習や研修なども受けることもできます。この制度の魅力は、従来のパートやアルバイトと違って、過去の経験やキャリアを活かせるような「責任のある仕事も任されるというところ」、また、勤務時間など「自分に合った働き方」ができ、将来的には正社員を目指すことができる点です。仕事と家庭との両立を目指す主婦にとっては、魅力的な制度なのではないでしょうか？

主婦の働き方として、パートなどのお勤めに出る他に、自営業で働く人もいます。自営業の場合、雇用されるわけではないので１３０万円の壁（１０６万円の壁）は関係ありません。所得（売上－経費）が38万円以内であれば夫の扶養に入ることもできますが、収入が増えて扶養から外れると、個人事業主として国民年金や国民健康保険に加入することになります。

最近は、趣味から始まった「お菓子作り」や「ネイルアート」などを極めて、お店や教室を開いたり、ネットを活用して商品を販売したり、資格取得などで技能を身につけて独立開業したり、といった「プチ起業」を目指す主婦も増えています。自宅で開業できるので、子育てとの両立がし易いというメリットもあります。

世の中は少しずつ、「女性が働きやすい環境」に変わりつつあるように感じています。「お仕事に対する考え方」は人それぞれ違いますが、長い人生、税制や社会保険等の金銭面だけにとらわれず、「やりがい」や「楽しみ」など自分自身の「キャリア形成」に重点を置いて、仕事にチャレンジするのも素敵ではないでしょうか？

今一度、ご自身の働き方についてじっくり考えてみませんか？

☆「やりたかった夢」を実現した素敵な女性の話

学生向けのお金の授業をするとき、「なんのために仕事をするの？」という質問の答えとして、

①お金を稼ぐ、②やりがい、③人の役に立つこと、という3つがあると教えています。

もちろん生きていくためには「お金を稼ぐ」というのが大事ですが、「やりたい仕事をする」という部分をもっと大切にしてほしいと私は思っています。いくら収入が多くても「つらい、嫌な仕事」は続けられないですよね。

ここでは、好きなことを一所懸命続けていたら自然と「周りの人たちに幸せを与えるような仕事」に結びついた、「プチ起業を実現した素敵な女性」を紹介したいと思います。

●夢の「粉料理研究家」に向かって！　一歩踏み出した「ゆう子さん」

数年前から自宅で料理教室を開くようになったゆう子さん。3児の母として子育てや家事に追われる毎日、自分が料理教室を開けるなんて思ってもみなかったそう。

手作り肉まんと餃子のランチ

〈ゆう子さんのプロフィール〉

・40代。3児の母。

・大学卒業後、お菓子メーカーに勤める。

・結婚を機に退職し専業主婦に。ある料理研究家との出会いをきっかけに、将来「粉料理研究家」になることを決意。

・末っ子が3歳の時、念願だった粉料理中心の料理教室に通いはじめたのをきっかけに、自宅にて趣味でお料理を教えはじめる。

・末っ子が小学校に入学、通っていた料理教室でアシスタントとして働きはじめる。

・仲間からボランティアではなく、本格的な料理教室を開いてほしいと頼まれる。

・3〜4年ほど前より自宅料理教室を開業。

こだわりは「一人ひとりすべての行程を自分で作ること」。「薄力粉、強力粉」を使ったメニューを中心に、基礎から丁寧に教えています。

はじめは、普通の専業主婦である自分に自信が持てなかったというゆう子さん。

「料理教室を開くことができるなんて思わなかったけれど、好きなこと、目の前にあることを一生懸命続けていれば夢に近づくことができるのだと感じています。最近では、公共の施設からも講師の依頼がくるようになり、ますますお仕事の幅が広がりそうです」

「『食育』も考えて、息子のサッカー仲間の男子達に『肉まん作り』を教えたりもしています。きっちり丁寧に作る男子よりも、ふざけてばかりのやんちゃタイプの男子が作る肉まんが、なぜか一番美味しいのですよ！」と語るゆう子さんの笑顔が印象的でした。

確かに、これからは男子であっても料理は必要だと納得！

夢に向かって一歩踏み出したゆう子さん。「食べることは健康で生きるための源」、世の人々に幸せを与える「粉料理研究家」として、ますますご活躍を期待したいと思います。

●大好きだったものに囲まれて！　夢だった「おうちショップ」を開いた「まゆみさん」

4年ほど前から自宅で雑貨店をはじめたまゆみさん。来ていただいたお客さまに喜んでもらいたい、生活の中に雑貨のある楽しさを知ってもらいたい、そんな気持ちでお店を続けています。

＜まゆみさんのプロフィール＞

・40代。2児の母。
・子どもの頃から雑貨が大好きで、かわいい雑貨を集めるのが趣味。
・大学生だった19歳の時にインテリア雑誌に投稿し、お部屋の取材を受け掲載される。
・結婚後は、ご主人の仕事の都合で日本各地を転々と過ごす。
・マイホーム取得を機に、念願だった「おうちショップ」を開くことを決意。

子どもの頃から雑貨やインテリアが大好きで、たくさんの雑貨を集めていたというまゆみさん。「平凡な主婦が趣味ではじめたようなお店ですよ」とおっしゃるまゆみさんですが、「雑貨ハンター」として、日本各地の「手作り市」などに足を運び、「必ず自分の目で見て確かめて『これはイイ』と感じたものだけを商品として持ち帰る」ということだわりは本物。
こちらの「おうちショップ」の特徴は、毎日は営業せず、来店してくれたお客さまにゆっくり充実した時間を過ごしていただけるよう「完全予約制」をとっているという点。常連のお客さまには、開店する日程を「手作り」の冊子を配布してご案内。お客さまは、遠方から来られる方、毎回お越しくださる方、ご家族連れ、おひとり、グループなどさまざまだそうです。

素敵にディスプレイされた可愛い雑貨たち
押し入れもお洒落な飾り棚に！

６畳程度のマイホームの一室にセンス良く並べられた雑貨類は、思った以上にたくさん。可愛いクリップやシール、ラッピンググッズといった文房具類に、フェルト雑貨、小さい置物や収納雑貨、陶器グッズやアンティーク、ガーデニンググッズや手作りのリース、ユーカリドライなどいろいろ。時には、飾り棚や椅子などの大きな家具も扱います。

開店から20冊以上発行した数ページにも及ぶ『手作り

の冊子』からは、まゆみさんの「お店に対する想い」や「商品へのこだわり」「誠実な人柄」が、ほんわかと伝わってきて、頭が下がる思いがしました。

お客さまが「一歩足を踏み入れれば、時間が止まるような空間にしたい！」というまゆみさんの言葉通り、素敵な空間の中で和やかなおしゃべりを楽しみ、お気に入りの雑貨を見つけて幸せな気分で帰ってきた私です。

これからも「みんながホッとできる癒しと安らぎの空間、隠れ家ショップ」としてそのまま、そこに、あり続けてほしい、と感じました。

大好きなことを楽しく続けることにより「プチ起業」を実現した、キラキラ輝く2人の女性を紹介させていただきました。

やりたいことはあるけれど「私なんて普通の主婦だから難しい……」なんて、あきらめてしまっている方！　すぐ手の届くところにきっと何かできることがあるはずです。勇気を出して「小さな一歩」を踏み出してみませんか？

第5章

40代後半～50代に多いお金の悩み

40代後半から50代は、子どもが高校や大学に進学するなど、教育費の負担が重くなる時期です。お子さまのクラブ活動費や塾代、食費なども増え、今まで収入の中でやりくりできていた住宅ローンの支払いが厳しくなったり、一時的に年間の収支が赤字になってしまったりするご家庭もあります。

一方、子どもたちもだんだん自分で行動できるようになり、「子育てママ」としての負担は軽くなるので、外に出て働く時間を増やす人も多いようです。ただ、今まで子育ての手助けをしてくれた父母が体調を崩して介護が必要になったり、相続について意識するようになったり、「若い頃には想像もしていなかった悩み」が出てくるのもこの時期ですね。

【1】大学進学にかかる費用は？　奨学金制度ってどんなもの？

高校生の保護者向けに「大学進学にかかる費用と奨学金、教育ローン」についてお話をすることがあります。終了後のアンケートや感想で多いのが、

「大学進学ってこんなにお金がかかるとは知らなかった。もっと早くから準備したらよかった」

「奨学金を利用している人が思ったより多くてびっくりしました」など。

昔は、「奨学金」というと「とても勉強のできる人が利用するもの」というイメージが強かったのですが、今は大学生の４割以上は奨学金を利用して進学しており、「奨学金を利用して進学するのがふつうのこと」になりつつあります。

「奨学金」は、**「学生に対するローン」なので、卒業後自分自身で働いて返すもの。**失業や出産育児期間など、収入がなかったとしても返済義務が消滅することはないのです。ここ数年の就職難の影響もあって、学費を借りて大学等を卒業したものの、安定した職業につくことができず、奨学金の返済が滞っている人が増えているのも社会問題になっていますね。

前述の「教育資金準備」（第3章【2】）でお伝えした通り、高校までの教育費は日々の家計でやりくりするのが基本ですが、大学や専門学校にかかる費用は数百万円と、短期間で準備できる額ではありません。大学進学にかかる具体的な費用と、奨学金の活用方法について見てみましょう。

1．大学に入学する前にかかる費用

「子どもが大学に行っている間はお金がかかる」というイメージが強いのですが、実は「**大学に進学する前の時点**」で、**すでに結構なお金を準備しなければなりません。**

次頁の表は、大学に進学する前にかかった費用です。入学前の段階で、国公立の自宅生であっても、合計111万円以上のお金が必要になります。私立の下宿生ならば200万円を超えています。

特に注意してほしいのは「**C．入学した大学への学校納付金**」（**入学金や施設費、前期の授業料等**）**の部分**です。こちらは、大学から合格通知が届いたら10日〜2週間程度以内に納めないといけないお金です。最近は推薦やAO入試といった方法で受験する学生も増えており、その場合、高校3年生の秋頃には進学先が決まります。合格が決まれ

●大学に進学する前にかかった費用　（単位：円）

		全国平均・国公立		全国・私立	
		自宅生	下宿生	自宅生	下宿生
A	出願までにかかった費用	129,800	116,400	161,100	144,600
B	受験のための費用	15,700	70,300	13,300	68,600
C	入学した大学への学校納付金	612,700	612,500	966,900	973,400
D	合格発表や入学手続	3,500	29,400	3,700	33,700
E	入学式出席のための費用	4,500	35,400	4,200	40,600
F	教科書・教材のための費用	129,900	169,500	101,600	153,200
G	住まい探しの費用	－	176,400	0	230,500
H	家電等生活用品購入費用	88,000	290,800	81,300	287,200
I	その他	102,000	264,800	86,300	242,800
合　計		1,116,500	1,799,500	1,380,000	2,115,200

（2013年度「全国大学生協　新入生調査報告書データ」をもとに作成）

ば「進学予定の大学への学校納付金」もその時点で支払わなければならない可能性が高くなります。

進学について高校の先生とお話をすると、毎年、ほとんどの学校で入学金が支払えず、せっかく合格したのに進学できない生徒が数名いると聞きます。

一生懸命勉強して合格を勝ち取ったわが子のためにも、そういう事態だけは避けたいですね。いざ、進学

●大学の教育費（授業料）

	平成24年度		平成23年度	
	初年度	２年目以降	初年度	２年目以降
国　立	81.8万円	53.6万円	81.8万円	53.6万円
私立文系	115.3万円	90.2万円	115.5万円	90.2万円
私立理系	149.1万円	122.6万円	149.8万円	123.0万円
私立医薬系	472.1万円	368.6万円	480.2万円	378.1万円
その他	145.8 万円	118.4 万円	143.7 万円	116.2 万円

（文部科学省　平成24・23年度調査結果）
（私立）私立大学入学者に係る初年度学生納付金平均額（定員１人当たり）の調査結果（私立昼間部の平均額）
（国立）文部科学省官令による標準額

という時点になって慌てずに済むように、「進学前の資金」は、高校3年生の秋までに準備しましょう。

2．大学に進学してからかかる費用

大学に入ってからもお金がかかります。上記の表は大学に支払う授業料に関する調査結果です。私立文系でも年間100万円前後、私立理系だと120万～150万円、私立の医薬系ならば年間300万～500万円かかるため、6年通うと2000万円超という可能性もあります。

「うちは国立しか行かせない！」という会話もよく耳にしますが、昔とは違って最近は国立大学でも、初年度80万円以上とかなり授業料が高くなっています。

この他にも、文具や書籍などの教材費、1人暮らしをすれば家賃や生活費などの仕送りも必要です。これらの**授業料や生活費の負担を軽くするために役立つのが「奨学金制度」です。**

3．奨学金の活用方法

「学びを奨めるお金」。つまり、学生さんの一生懸命勉強したい！という気持ちを応援する制度が奨学金です。日本学生支援機構の奨学金の他にも、進学先の学校が独自に設けている奨学金制度や、地方自治体や企業が行っている奨学金制度などもあります。**返済のしくみは「貸与型（借りて返すタイプ）」の他に、「給付型（返さなくてよいタイプ）」、「免除型（入学金免除など）」等もあります。**「給付型」や「免除型」のほうが返済しなくてよいので魅力的ですが、「学力」や「所得要件など」の審査が厳しいなど、ハードルは高くなってしまいます。

最も利用者が多い、日本学生支援機構の奨学金について説明しましょう。

今や半数近くが利用している「奨学金」、といっても「お金を借りる制度＝借金」に他なりません。

大きな特徴は、教育資金のために「**保護者名義で借りる教育ローン**」とは違って、「**奨学金は、学生自身が借りて、将来自分で働いて返すもの**」です。なので、申し込む際は、**子ども自身が、「必ず返す！」という強い意志を持つ必要があります。**


日本学生支援機構の奨学金制度は、利息のかからない「第一種」と、利息のかかる「第二種」の2種類がありますが、いずれも有利な制度なので、「とても裕福な方はご遠慮くださいね」という意味である「保護者の所得の上限額」に加え、「学力基準」の2つの審査があります。借りられる金額は、第一種は一律月額3万円コースの他、自宅通学、自宅外通学、国公立、私立などによって借りられる額が決まっています。また、第二種は、月額3万円から12万円まで5種類から選択することができます。

「第一種」は利息がかからない、すなわち100万円借りても卒業後、同額の

●平成26年度　入学者の貸与月額

	国・公立		私　立	
	自宅通学	自宅外通学	自宅通学	自宅外通学
第一種奨学金	45,000円	51,000円	54,000円	64,000円
	30,000円			
第二種奨学金	30,000円・50,000円・80,000円・100,000円・120,000円のいずれか			

※貸与期間中に必要に応じて、貸与月額を変更することも可能。奨学金は、毎月、本人名義の銀行、信用金庫または労働金庫の普通口座に振り込まれる。

（日本学生支援機構サイトより抜粋）

１００万円だけを返済すればよいため金銭面では有利ですが、利息の負担が必要な「第二種」と比べると、「学力基準」「所得基準」とも審査が厳しくなっています。

高校３年生の春に申し込む「予約採用」で「第一種」の場合、「学力基準」は「高等学校又は専修学校高等課程の１年から申込時までの成績の平均値が３・５以上」となっていますが、定員があるため、実際はそれ以上の成績を求められるケースも多いようです。所得の上限額は、４人世帯で給与所得者の場合、第一種で８０１万円、第二種で１１１７万円（それぞれ税込年収）が、おおよその目安となります。第二種の場合、かなりゆとりのあるご家庭でも利用できることが分かりますね。

なお、奨学金の申込みは、**高校３年生の春に通っている高校で申し込む「予約採用」と、進学した先の学校で**

申し込む「在学採用」、家計が急変した時などに随時申込みができる「緊急・応急採用」の3種類があります。ただ、「在学採用」は定員が決まっているため、少しでも利用する意思がある場合は、より確実な「予約採用」で、高校3年生の春に在学中の学校で申し込んでくださいね。

返済は卒業から半年たった10月からはじまります。第二種の場合、利息は返済時になってはじめて決定します。申込みの段階で利息が決まらないという不安はありますが、日本学生支援機構の奨学金の場合、利息の上限が3％（平成26年7月時点の金利（利率固定方式）は0・79％）と決まっているので、それ以上の利息が発生することはありません。**第二種の場合でも、返済スタート前に、全額返済することができれば「実質無利息で借りられた」ということになりますね。**

小学生の保護者会の話の中で、ちらっと耳にしたある言葉が少し気になりました。

「わが家は子どもが3人、高校までの学費は出すつもりだけれど、大学は奨学金とアルバイトで自分の力で行ってもらうつもりよ」

注意してほしいのは、奨学金は進学後、4月以降、毎月お給料のように一定額が口座に振り込まれてくるしくみになっているという点です。本章【1】の「1．大学に入学する前にかかる費用」のところでお話しした、「合格したらすぐに支払いが必要な入学金や前期の授業料などのまとまったお金」には、奨学金を充当することはできませんのでご注意くださいね。

奨学金は、「お子さまが進学して学びたい、夢を実現したい！」という気持ちを応援するためのとても便利な制度です。とはいえ、お金を借りるということは、将来にわたって大きな負担を背負うことになります。親子でしっかり話し合ったうえで利用するかを決めてくださいね。

☆返せないとどうなるの？　ブラックリストに要注意

「貸与型」の奨学金は、必ず返さなくてはいけないお金です。まれに、「将来、子どもを産んで専業主婦になったら返さなくてよいのですか？」

「仕事が見つからなくて収入がなかったらどうしたらいいのですか?」

などと質問されることがあります。

くどいようですが、「貸与型の奨学金」は借りたら返さなくてはならないものです。たとえ主婦であっても、仕事がなくても……です。「お金がないから返せない」と、と放っておくとどうなるか……。

例えば、卒業後10月から奨学金の返済がはじまりますが、その半年後の4月時点で返済が3か月以上滞っていれば、ブラックリストのようなものである「個人信用情報機関」に、個人情報として、氏名や住所、生年月日、勤務先などが登録されてしまいます。延滞者として一度登録されてしまうと、その人は「経済的信用が低い人」と判断され、その後、

「クレジットカードを作ろうと思っても審査が通らない」

「マイホームがほしくても住宅ローンを組むことができない」

という状況になる可能性があります。そして、一度登録されると、たとえ延滞が解消されたとしても、5年間は記録が残ってしまいます。

失業や災害、傷病などの経済困難で、どうしても奨学金の返還が困難な場合は、手続きをすることによって返済期限を延長したり、毎月の返済額を減らしてもらったりする

手段もあります。また、大学院へ進学した場合は在学猶予制度を利用することができます。

「ブラックリスト」というと、最近こんなトラブルが増えています。携帯電話やスマートフォンを購入する際、携帯本体代金を2年間で分割して支払う契約をされたことはないですか？　実は、この返済が滞ると、奨学金の滞納と同じく、ブラックリストに名前が載ってしまう可能性があります。

「金欠だし、大した額じゃないし、携帯電話が止められてしまう程度ならば、放っておこう！」なんて、軽い気持ちで延滞すると、

「クレジットカードで買い物しようとしてもできない、新しくカードが作れない」などという困った事態に陥ってしまう可能性があるのです。「携帯本体代金を分割して支払う＝ローン（借金）を組んで買っているのと同じこと」。くれぐれも気をつけてくださいね。

家計相談において、

「生活費が厳しいので、子どもの奨学金を家族の生活費に充てて、なんとか暮らしている」

という話をよくお聞きします。

「結婚して彼とマイホームを立てようと思ったら、彼が奨学金を延滞していてローンが組めず買えない」という新婚女性から相談を受けたこともあります。

また、奨学金に関する説明会で、

「せっかく安い金利で借りられるのだから、マックスの12万円を借りる方がお得ですよね」と質問された方もいました。答えは当然「ノー」です。「卒業後、きちんと返す」ことが前提なので、無理なく返済できるよう、「借りる額」は必要最低限に越したことはないですよね。

お金について、軽く考えたり甘く見たりすると、その時だけでなく、将来の不幸を招くことになりかねません。

特に、**「奨学金は子どもの将来に関わる大切なお金」**です。**「奨学金を検討する」このタイミングで、ぜひ、お子さまと、「進学するためにかかるお金」「日々の生活にかかるお金」についてじっくり話す機会をつくっていただきたいと思います。**

【2】中高生に伝えたいお金の話って？　家庭でできる金銭教育

日本人は人前で「お金の話をすることはタブー」という傾向があり、「子どもに対しては、特にお金の話を避ける」というご家庭が多いようです。また、私たちの暮らしにとって「お金」とは「大切なモノ」、そして「切っても切り離せないモノ」であるにもかかわらず、子どもたちだけでなく大人でさえ、なかなか「正しいお金の知識」を身につける機会がないまま生きてきた人が多いように思います。

みなさんがこの本を手に取って、「お金の知識」を学ぼうとしてくださっているように、「大人の入り口に立った子どもたち」に対し、お金の知識を伝えて「お金と上手に付き合える大人に育てること」は親の役目だと思います。

大切なのは、

「子どもが将来お金に困らないように、親がお金をたくさん残してあげる」ではなく、「子ども自身がお金を稼いで経済的に自立できるようになること」です。

ずいぶん前に参加したお金に関するセミナーで、講師の方が言っていた言葉です。

「わが子をダメな大人に育てる最も簡単な方法を教えてあげましょうか？」

「それは、子どもに好きなだけお金を与えることです。間違いなく、子どもはダメな大人になります」


意図して子どもをダメにしたいと思う親はいないと思いますが、モノがあふれ、お金があればたいがいのモノが手に入る今の時代、「子どもがほしがるから」と簡単にお金やモノを子どもも与えてしまう大人も増えているように思います。

このお話には「なるほど！」と妙に納得した記憶があります。


ここでは、中高生に対しての「家庭でできる金銭教育」について考えてみましょう。

1．お金を使う練習の機会を与えましょう

まずは「正しい金銭感覚」を身につけることが大事です。金銭感覚とは「お金の使い方に対する考え方。『金銭面』においての価値観や生活感覚」のことで、子どもの頃からの生活や家族環境、しつけ、お金に関わる習慣や知識などによって形成されます。同じ給料でも、しっかり貯蓄ができる人もいれば、すべて使ってしまう人もいますし、数千万円の貯蓄が少ないと感じる人もいれば、充分だと感じる人もいるでしょう。

暮らしたい生活レベル、お金やモノに対する価値観は人それぞれ違いますが、「正しい金銭感覚」とは身の丈にあったお金に対する考え方、つまり、自分で稼げるようになったとき、生活環境や将来のライフプランにあった貯蓄も含め、「収入の範囲内できちんと暮らしていくことができる金銭感覚」といってよいでしょう。

「正しい金銭感覚」を身につけるための第一歩は「お金を使う練習をすること」です。お金に興味を持ちはじめた頃から「おこづかい制度」を取り入れて、その範囲内でやりくりする練習をしましょう。「幼稚園から小学校高学年までのおこづかいの与え方」に関しては、第4章【1】を読んでくださいね。

中高生になると、自分で電車に乗ったり、子どもだけで遊びに行ったり、自分でお金を管理しなくてはならないイベントが増えてきますね。その都度、必要なお金を渡すという方法もありますが、ある程度長期的な視野でお金を管理していくことができるように、1か月にいくらなどと決めて、まとまったお金を渡して練習するとよいでしょう。

モノの価値や値段が理解できるようになったら、日々の生活にどれくらいのお金が必要なのか、「大まかな家庭の台所事情」なども伝えるようにします。電気やガス、水道もたくさん使えば支払いが増えること、塾やお稽古事代、高校生になれば大学に進学する際にかかる費用についても親子で話す時間をつくりましょう。

2.「将来は自分で働いて、経済的に自立しなければならない！」ことを伝えましょう

経済的に自立できる大人になるためには、子どもの頃からの金銭教育を通して「正しい金銭感覚」を身につけることが重要ですが、**その次に大切なのは「将来、実際に働いて収入を得なければならない」という意識を持つことです。**

ここ数年、ニート（若年無業者）やフリーターが増加していることが社会問題となっています。そんな社会現象の副作用として「お金に困っている」「借金が返せない」という悩みを抱える若者や、電子マネーやクレジットカード等で無意識にお金を使い過ぎてしまうという人も増えています。

私が関わっている就労支援相談窓口には、

「有名国立大学を卒業したけれど、やりたいこともないし、就職できない」

「大学卒業後、一度は就職したが、自分の思ったような職場ではなく辞めてしまった」

「住むところがなくなって、借金しながら友人宅を転々としている」

そんな、若者がたくさん来ます。


中高生の子どもたちが、今、豊かに暮らせているとすれば、それは「保護者が働いて収入を得ているから」ですよね。

当たり前のような話ですが、**将来は「自分自身が働いて自立しなければならない」ということを、親である私たちが、まだ、親の保護下にある学生の間に、しっかり子ども**

に伝えなければならないと思うのです。

3．お子さまと「将来のこと」「お金のこと」を話してみましょう

中学生から大学生に対し「パーソナルファイナンス」という授業の講師をしています。

「パーソナルファイナンス」とは、「一人ひとりの生活や生き方にあったお金の知識や活用方法を学び、その答えを見つけること」という意味で、最近は、家庭科や総合学習などの授業の中で、「キャリア形成」のテーマなどと合わせて導入する学校も少しずつ増えてきました（正直まだまだだとは思いますが……）。

授業の中で私が学生に対してするクイズです。

「一般的な家庭（2人以上の世帯）の1か月にかかる消費支出は、およそ29万円です（総務省の家計調査・平成25年データより）。世帯主として時給900円のアルバイトで働いて家族を養っていけるでしょうか？」

単純に計算をしてみます。29万円÷900円＝322・2時間。322時間÷30日＝

●就労形態別の時給と年収

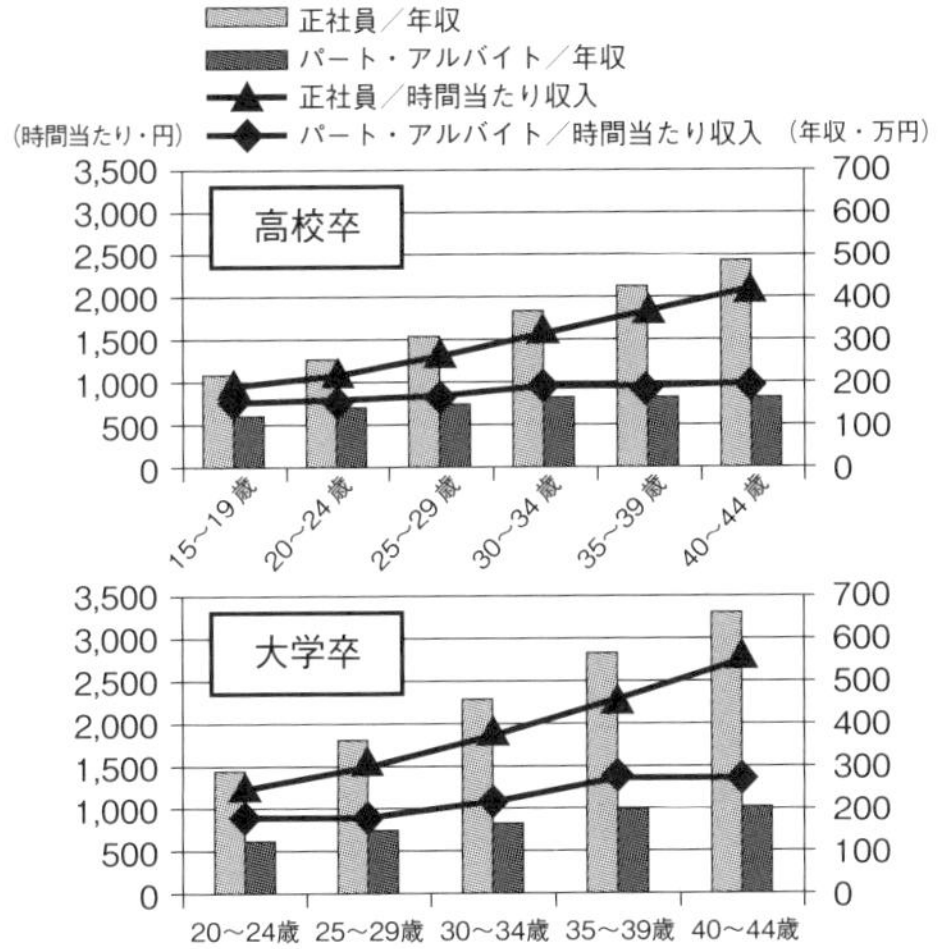

※高校卒・大学卒ともに男性の数値。女性についても男性と同様の傾向が見られる。
（独立行政法人労働政策研究・研修機構「若年者の就業状況・キャリア・職業能力開発の現状―平成19年版「就業構造基本調査」特別集計より―」2009）

10・7時間。1か月間休むことなく毎日11時間働いても、家族を養うだけの収入を得るのは難しいということが分かりますね。

上記は「就労形態別の時給と年収」に関する調査結果です。

最近は、「大学を卒業してもフリーターでいい」という人も多いようですが、パート、アルバイトの場合、正社員と比較すると、年を重ねてもほとんど収入が増えることはありません。「やる気になったら正社員で働けばいいし……」と言いながらアルバイトで生活してきた人が、「いざ就職活動しよう」と思っても加齢とともに就職状況が厳しくなる傾向は明らかで、特に、高校や大学を卒業してから「フリーターやニート」の期間が長かった30代、40代がその後「正社員」としての就職するのはかなり難しいのが現実です。

「就職はしたけれど短期間で仕事を辞めてしまい、お金が尽きてしまった」という若者に共通して見受けられるのは「お金に無頓着」、そして「計画性に欠ける」という傾向です。「預金残高がわずかなのに、深夜に手数料を払ってコンビニでお金を引き出したり、生活費もままならないのに気前よく友人におごったりする。家計が赤字なのに最新のスマートフォンを購入したり、収入があればすぐにほしいものに使ったりしてしまう」など。

ご家庭での金銭教育を通して「正しい金銭感覚」を身につけていれば、「現在、将来、暮らしていくためにいくらお金が要るのか?」「今後どれくらい収入が必要なのか?」

を計画的に考え、そのために「今どうすべきなのか？」を自分自身で考えられるようになるはずです。

たくさん勉強をしていい大学に入るというのも、大事なことかもしれません。でも、お子さまの将来の幸せのためにもっと大切なことは、**「経済的に自立できる大人になる」、つまり「自分で稼いで生きる力を身につける」ということです。**

そのためには、自分がどんな人生を送りたいか、どんな仕事がしたいかを考え、将来の夢を描いて、ライフプランを考える機会を持つことが大事です。

年金問題や少子高齢化の影響もあり、これからは、今の親世代の老後もますます厳しくなります。今わが子にしてあげられることは、**「上手なお金との付き合い方」を教えること、そして、「将来への道を決めてあげるのではなく、幸せな将来を見つけるサポートをすること」**ではないでしょうか？　私はそれが最も重要な親の務めだと思っています。

☆親子のコミュニケーション講座

高校生の保護者向けに「親子のコミュニケーション」について講師をさせていただくことがあります。

正直、私は、「コミュニケーションの達人」でもないし「模範的な素晴らしい親」でもありません。そんな人が講師なんて不安なりますね（笑）。

「私も悩める母の1人である」という前おきをしたうえで、「私自身が『子育て』に悩み、子育て講座・心理学・傾聴の仕方・キャリアカウンセリング……などを学び、行動を変えることにより、少しずつ親子のコミュニケーションがうまく取れるように変わってきた」という経験談とノウハウを中心にお話しします。

ここでは、その中でも最も大切な、「傾聴」＝「子どもの話を聞くこと」についてお伝えします。

例えば、子どもが、「勉強したくない、学校も嫌だ！」と言ったとします。さて、皆さんはどんな反応をしますか？

次の例は、私が「メンタルヘルス協会」で学んだ内容ですが、**カウンセラーには「絶対やってはいけない話の聴き方の6つのパターン」があります。**これをやらないように気をつけるだけでも、子どもとのコミュニケーションがうまく進むことがあります。

①　矢継ぎ早に質問する。

「勉強についていけないんでしょ」「誰かに意地悪でもされているの？」などなど……。

②　簡単に同意する。

「わかるわかる、お母さんもそうだった」「勉強なんて誰だってしたくないもんだよ」

③　おせっかいな助言をする。

「予習復習をもっとしたらどうかしら？」「困ることあるなら先生に相談しなよ」

④　分析して決めつける。

「英語が苦手だから嫌なんでしょ」「友達と上手くいってないからでしょ」

⑤　道徳的に説教する。

「学生は勉強するのが仕事ですよ」「世の中には勉強したくてもできない子どももいるんだよ」

⑥　真剣に聴かずごまかす。

「まっ、そんな風に感じることもあるよ」「疲れているのよ、今日は早く寝なさい」など。

当てはまることはありませんか？　ほとんどの方が、「あるある」と笑ってくれますが、**実はこれは相手が心を閉ざしてしまう、典型的なパターンです。**

じゃ、どうすればいいか？

こういうときカウンセラーならば、「くりかえし＝確認」という手法を使います。

ひとこと「勉強したくないし、学校も嫌だと思っているのね」とくりかえします。

これは、「お母さんは、今あなたがこういう気持ちなのだと受け止めたけれど、それで間違いない？」と、相手に確認する意味があります。子どもは、お母さんにくりかえしてもらうことにより、「自分の気持ちを受け止めてもらえた」という安心感を持つようになります。そして「どうして勉強したくないのか？　学校が嫌なのか、自分はどうすればいいか？」を子どもが自分自身に問いかけ、模索することにつながります。

ついつい、可愛いわが子のことだけに解決してあげたい、アドバイスしてあげたいという気持ちになるのが親心ですが「その問題は誰の問題ですか？　子どもが自分で乗り越えるべき問題」ですよね。

最近は、正しい方向へ導いてくれる「ナビゲーション親」や、困ったらすぐに手を差し伸べてくれる「ヘリコプター親」なんて言葉も耳にしますが、**一番大切なのは子ども**

が自分で解決できる方法を見つけるためのサポートをしてあげることです。

そのために、**いつも一番の味方になって、子どもを信じて支えてあげるのが親の役目ではないでしょうか？**

人と話すとき、少し「自分の行動、接し方」を変えることにより、親子関係だけでなく、家族や友人との間でもよりよいコミュニケーションができるようになります。

とはいえ、私自身、知識は持っていても、いざ「わが子」となると、感情が入ってしまい、うまくいかないことは多々あります。そんなときは冷静に自分を見つめて、悪いところは謝ったり、お互いの気持ちを理解するために話し合ったりします。

私の好きな言葉があります。

「過去と他人は変えられないけれど、自分と未来は変えられる」

子育ては、いつからでも、いくらでもやり直しはできます。「子育て」に悩みはつきませんが、よりよい、楽しい親子関係が築けるようにがんばりましょう!!

【参考資料：聴き方の手法　メンタルヘルス協会テキストより】

【3】相続税が変わるってホント？　自分にも関係あるのかな？

40代～50代の主婦の会話の中で増えてくるのが、「自分や夫の父や母が亡くなって大変だった…」という話。それだけでも悲しいのに、相続について兄弟がもめるなど、トラブルになったというケースも多々耳にします。

また、「今は両親も元気だけど、そろそろ相続などについても覚悟しないといけないのかな?」という話もよく出てきます。「親からの相続」ということを考えた場合、相続人である子どもの立場でできることは限られています。ただ、**相続発生後に大変な思いをするのは、亡くなった親である「被相続人」ではなく、「相続人」である遺された家族の方なのです。**

みなさんの祖父母、父母に万一のことがあった場合に慌てなくて済むように、「相続に関する知識や情報」を持って備えておくことが大事です。

最近、新聞や雑誌、メディアなどで「相続税」という言葉をよく目にするようになっていませんか？　実は、この「相続税」の制度が、平成27年以降大きく変わります。簡単に言うと、「相続税を支払うべき財産の基準」が引き下げられるため（平成27年以降）、よほどの資産家でないと無縁だった「相続税」を支払わなければならない人が大幅に増えることになるのです。

ちなみに、現状で「相続税」を払っているのは死亡した人の４％程度（平成23年は４・１％。財務省調査）ですが、財務省の試算によると、平成27年以降は１・５倍の、６％程度に増えることが予想されています。

１．相続税ってどんなもの？　相続税の申告ってどんな場合に必要なの？

相続とは、「亡くなった人の財産を引き継ぐこと」。そして、一定額以上の相続財産を受け取った人が支払わなければならないのが「相続税」です。

ちなみに、よく混同しがちな「贈与税」との違いですが、「**相続とは、亡くなった人から引き継ぐこと**」、「**贈与とは、生きている人から財産を受け継ぐこと**」ですので間違えないようにしてくださいね。

①遺産にかかる基礎控除額

改正前（平成 26 年まで）	改正後（平成 27 年以降）
5,000 万円＋（1,000 万円×法定相続人数）	3,000 万円＋（600 万円×法定相続人数）

※法定相続人とは、配偶者と血族相続人（子ども、父母、兄弟姉妹）

②配偶者の税額軽減（改正なし）

法定相続分または、1億6,000万円までの財産を相続しても非課税

→ **配偶者ならば実質1億6,000万円までは非課税で財産を受け取れるということですね。**

家族に万一のことがあった場合、自宅や土地といった不動産や、金融資産を引き継ぐということはよくあると思いますが、そのすべてに相続税がかかることはありません。というのは、実際受け取った遺産から、「基礎控除額（図表①参照）」を差し引いた金額に対して相続税がかかるため、遺産総額が「基礎控除額以内」ならば相続税を支払う必要はないのです。

仮に、「基礎控除額」よりも多く遺産があったとしても、いろいろな控除の制度（図表②〜④）がありますので、それを活用することにより、ほとんどの人は税金がかからなくて済むのです。

ざっくりとした「相続税のしくみ」についてみ

③宅地の評価を下げる特例（小規模宅地等の特例）居住用の宅地等（特定居住用宅地等）の場合

改正前（平成 26 年まで）	改正後（平成 27 年以降）
限度面積 240m² （減額割合 80％）	限度面積 330m² （減額割合 80％）

※被相続人または被相続人と生計を一にしていた被相続人等の居住用に供されていた宅地等がある場合、一定の要件の下に、遺産である宅地等のうち限度面積までの部分について、相続税の課税価格に算入すべき価額の計算上、一定の割合を減額する。

→ **自宅などの評価額を割り引いてもらえる特例です。限度面積までならば、実際の評価額の 20% 分にしか相続税がかからないということになりますね。事業用の宅地については別途減額があります。**

④生命保険の死亡保険金の非課税限度額（改正なし）

非課税限度額＝ 500 万円×法定相続人の数

※死亡保険金は被相続人が亡くなってから支払われるため、相続財産とみなす。

→ **生命保険を上手に活用すれば、節税対策になりますね。**

てみましょう。相続に関して説明するためにはどうしても難しい単語が出てきてしまいますが、できるだけ分かりやすく解説しますのでお付き合いくださいね。

相続税は、相続財産を受け取った相続人がそれぞれ払う税金ですが、相続税がかかるかどうかは、亡くなられた人の「遺産総額」で判断します。

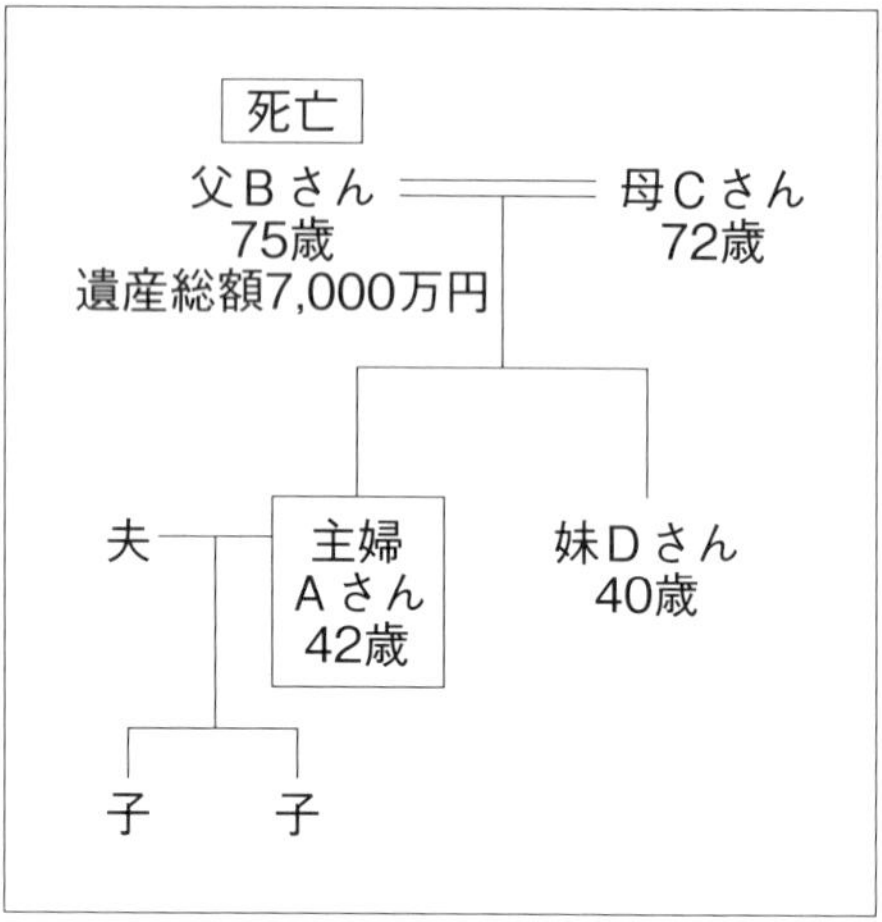

例えば、主婦Aさん42歳（実父Bさん75歳、実母Cさん72歳、Aさんの妹Dさん40歳）で、父Bさんの「遺産総額」が7000万円だとします。

父Bさんに万一のことがあった場合、法定相続人は母Cさんと主婦Aさん、妹のDさんの3人になります。現在の相続税制ならば、「基礎控除額」は5000万円＋1000万円×法定相続人3人＝8000万円となりますので、相続税はかかりません。平成27年以降の税制になると、3000万円＋600万円×3人＝4800万円が「基礎控除額」になりますので、超過分の2200万円に対して税金がかかる可能性が出てくることになります（236頁図表①参照）。

「基礎控除額」を差し引いても超過分が残る場合、死亡から10か月以内（厳密にいうと、相続が開始したことを知った日の翌月から10か月以内）に相続税の申告をしなければなりません。

Aさんのケースの場合、妻である母Cさんは「配偶者の税額軽減」（２３６頁図表②）の対象になるので、平成27年以降でも税金はかかりません。また、持ち家ならば「小規模宅地等の特例」（２３７頁図表③）によって税金がゼロになる可能性もあります。ただ、**これらの制度を利用する場合、税金がかからなくても、「相続税の申告」は必要になりますので注意してくださいね。**

2. 相続財産はどうやって分けるの？

相続財産は、遺言などで特に指定がなければ、法律上で規定されている法定相続人が相続することになります。法定相続人とは、配偶者と血族の相続人（子ども、父母、兄弟姉妹）ですが、すべての法定相続人で遺産を分けるのではなく、家族の状況（次頁図

⑤相続人の順位と法定相続分

	相　続　人	法定相続分
（A）第１順位	配偶者と子	配偶者＝1/2 子＝1/2
（B）第２順位 （子がいない）	配偶者と直系尊属 （父母）	配偶者＝2/3 直系尊属＝1/3
（C）第３順位 （子も父母もいない）	配偶者と兄弟姉妹	配偶者＝3/4 兄弟姉妹＝1/4

※それぞれの順位者が複数になる場合は、さらに人数で均等に分ける。

表⑤A~Cのパターン）によって相続する順位が決まっています。配偶者は常に相続人となりますが、婚姻届を出していない内縁の場合は相続の権利がありません。

それぞれの順位者が複数になる場合は、さらに人数で均等に分けます。（A）の場合、子どもが3人ならば、まず配偶者が半分（2分の1）、残りの半分（2分の1）を子ども3人で分けるので、$\frac{1}{2}\times\frac{1}{3}=\frac{1}{6}$となり、子どもそれぞれが全体の6分の1になります。

トラブルになりやすいのは「子どもがいない夫婦で、夫が亡くなった場合」です。夫の両親ともが他界していれば、（C）の第3順位のパターンとなり、妻だけでなく夫の兄弟姉妹にも相続権が発生します。長らく疎遠であった兄弟などであっても「遺産分割の対象者」になります。夫の財産が「夫婦で築いてきたマイホーム」だけといった場合、兄弟に遺産を分けるために、その「マイホーム」を手放さなくてはならなくなったりする可能性があるのです。

3．相続について「知っておきたいあれこれ」

①遺言があれば、そのとおりに分けることができるの？

遺言書がある場合は「指定分割」という扱いになり、「法定相続」に優先して、分割することになります。「相続権のない孫にこの家を遺したい」「子どもたちがもめないように、それぞれの持ち分を指定したい」などの場合は遺言書が役に立ちます。

遺言書には、本人が手書きで書いた「自筆証書遺言」の他に、本人が口述して公証人が筆記する「公正証書遺言」や、本人が作成し署名押印した後、公証役場で手続きをする「秘密証書遺言」などがあります。

「自筆証書遺言」は、1人で作ることができるので手軽ではありますが、不備があると無効になる可能性が高いので慎重に作成しなければなりません。

遺言書は「法定相続分」よりも優先することになりますが、相続人全員が話し合って

一致した場合は「協議分割」として、遺言書に書いてある分割割合を変えることもできます。

遺言での指定がない場合は、民法で定める「法定相続分」で分割します。

②遺留分ってなあに？

法定相続人が、本来相続できるはずだった相続分を意思表示にすることにより取り戻すことができる遺産を「遺留分」といいます。遺言書は「法定相続分よりも優先する」とお伝えしましたが、遺言通りに遺産を分けたら法定相続人なのに「本来相続できるはずだった財産が相続できない」という事態に陥ってしまうことがあります。その場合、法定相続人は一定割合まで「遺留分」として遺産を受け取ることができるのです。

「遺留分」の権利を主張できるのは配偶者、子ども、直系尊属

のみで、亡くなった人の兄弟姉妹には「遺留分」はありません。相続人が直系尊属のみの場合は、本来受け取る相続分の３分の１、配偶者と子どもは２分の１を「遺留分」として確保することができます。

③特別受益・寄与分ってなあに？

「特別受益」とは、相続人の１人が生前に特別に贈与を受けてたりしていた場合、他の相続人と公平にするために、相続財産からその贈与分を差し引く制度です。

「３人姉妹の長女だけが、数年前マイホームを購入する際に、実父から５００万円援助を受けていた場合」などは、いったん５００万円を実父の「相続財産総額」に戻して、３姉妹で公平に分割することになります。

「寄与分」は、「特別受益」とは逆で、被相続人の生前、その財産の維持や増加に特別に貢献した相続人に対して、相続分とは別に受け取ることができる取り分のことをいいます。例えば、「病気だった実父を長期にわたり看病した娘」や「農業をしている実父の仕事を手伝っていた息子」などが対象になります。

ここでのポイントは、「寄与分」が認められているのは、「相続人、つまり血族」であるという点です。仮に、嫁が「夫の実父、つまり義父」を献身的に看病、介護したとしても、残念ながら「寄与分」は認められていないのです。

寄与分が認められるかどうかは、相続人どうしの話し合いによりますが、まとまらない場合は、家庭裁判所に審判を申し立てることができます。

相続は、いつ起こるか分かりません。「そのうちに」と思っていると、突然その時がやってきて手遅れになることもあります。**「うちは資産家ではないから関係ないわ！」と言う方は多いですが、税金がかからなかったとしても、相続人の間でももめるケースは多々あります。**特に、財産のほとんどが家や土地などの不動産という場合は、現金で分けられないので遺産分割が難しくなりますね。**そんな時、「遺言書」があれば亡くなった方の意思を尊重することができるので助かるかもしれません。**

デリケートな部分ではありますが、家族や両親と万一の場合はどうすべきかを話す機会を持つべきではないかと思います。

☆教育資金の一括贈与にかかる非課税措置を利用しよう

最近ブームになりつつある（？）「**親や祖父母から、子どもや孫に対して教育資金と****して、１５００万円まで非課税（税金を払うことなく）で贈与できるという制度」**です。

「高齢者から若年層へ資産を移転させて、消費を活性化し、子どもの教育、人材育成をサポートしましょう！」という目的で国が行っています。平成25年4月から平成27年末までの期間限定となっていますが、取扱開始以降、利用者は順調に増えています。

通常1年間に非課税で贈与できるお金は１１０万円までですので、資産家のおじいちゃんなどが、かわいい孫に非課税で１５００万円も贈与できるとなると、相続時の節税対策にもなるので、おじいちゃんにとっても孫にとってもかなり魅力的な制度ではないでしょうか？

ただ、注意点がいくつかあります。

①子どもが30歳になるまでに使い切らなかった分は、30歳になった時点で贈与税の課税対象となります。

使い切れないほど贈与すると後から税金を支払うことになってしまいますので、贈与する側も、受け取る側も、今後の教育方針をどうするのか？　どれくらい教育費がかかりそうか、教育資金プランニングを立てたうえで利用するようにしましょう。

②子ども（孫）名義の金融機関の口座を開き、教育資金管理契約の手続きをする必要があります。

税務署への届けが必要になりますが、手続きは金融機関が代行してくれます。利用者は、教育費としてお金を使ったことを証明する領収書などを1年以内に金融機関に提出すれば、口座からお金を引き出すことができます。贈与を受けた子や孫等が30歳になった時、残高がゼロになり契約終了の合意をした場合、子や孫等が死亡した場合に口座は終了し解約することになります。

③教育資金の範囲は、幼稚園から小中高校、大学などに支払ったお金で、学校名の領収書があればPTA会費や遠足代などもほぼ、教育費の扱いになります。「学校名の領収書」というのがポイントです。

ご自身で立て替えた後で金融機関から引き出す他に、先に金融機関から払い出してから領収書を提出する方法もあります。

大学生の場合、学生寮で学校などから領収書が出る場合は1500万円の非課税対象となりますが、ワンルームマンションを借りて1人暮らしをした場合は対象にはならないわけです。

ただ、**1500万円のうち、500万円までは学校等以外に支払われる習い事などのための資金として使うことが認められています。**具体的には、学習塾やそろばん、スイミング、野球、ピアノ、バレエ、習字など、社会通念上相当と認められるものに限る、となっています。

また、学校で必要な教材等（リコーダーや裁縫セット、卒業アルバムなど）を、学校を通して業者に直接支払った場合も500万円までの教育費の対象になりますが、個人が一般書店で購入したドリルや、スポーツ店で買ったグローブなどは500万円の教育費の対象とはなりません。

手続きの手順や、利用できる範囲など、かなり細かく規定されていますので、利用を検討される場合は、国税庁のホームページを確認してくださいね。

【4】親の介護が必要になったら？

40代を過ぎてから主婦仲間で集まって話をしていて、よく出てくるのが「父や母が体調を崩して…」といった話題です。特に主婦の場合、結婚してから実家を離れていて、遠方で高齢の両親だけが暮らしている場合も多いようです。どちらかに先立たれて1人暮らしだとなおさら心配ですね。

元気で身の回りのこともきちんとできている間はよいのですが、「足腰が弱り、1人で買い物などに出かけるのが大変そう」「物忘れがひどく、以前と比べると行動がおかしい」など、変化に気づかれたら、医師にかかる、公的なサービスを利用するなど、対策を考える必要があります。

1．まずは介護認定を受けましょう

公的な介護サービスを受けるためには、まずは、介護認定を受ける必要があります。
介護状態に応じて、軽い方から「要支援1、2」、「要介護1～5」までの7段階に分か

れていますが、いずれかに認定されると費用の1割を自己負担することにより、介護サービスを受けることができます（平成27年8月より所得が高い人を対象に自己負担を2割に引き上げることが予定されています）。

介護認定を受けるためには、まず市区町村の窓口に申請し、専門員の訪問調査を受け、主治医に意見書を書いてもらう必要があります。

子どもが心配だからとすすめても、「まだまだ人の世話にはなりたくない」「世間体があるからかっこ悪い」といった理由で、介護認定を受けたくないというお年寄りも多く、頭を悩ませているという話もよく伺いますが、介護申請から認定までには1か月程度かかります。**いざ、介護サービスを受けたいと思っても、事前に介護認定を受けていないとすぐに利用することはできません。**

介護が必要とまではいかない軽い症状であっても、「要支援」と認定されれば、健康維持のために、送迎バスで定期的に施設に通って食事をしたり、お風呂に入ったりコミュニケーションの時間を楽しむこともできますし、訪問介護で週に数回ヘルパーさんに来てもらって身の回りのお世話をお願いすることも可能です。

また、介護ベッドなどの福祉用具のレンタルや、手すりを付けるなどの住宅改修費用の一部負担も受けることができます。

要介護度が高くなると施設に入居することも可能ですが、公的な介護施設については介護認定を受けていないと申込み自体ができないシステムになっています。比較的費用の低い、「特別養護老人ホームや老人保健施設」などは、入居者数百人待ちというところがほとんどなので、近い将来利用する可能性があるならば、早い段階で複数の施設の申込みをしておくことをおすすめします。仮に、申し込んだ施設に空きが出たと連絡があっても、その時点で必要でなければ断ることもできます。

また、自宅で介護が可能でも、家族がお世話できない間だけ、ショートステイで施設を利用することも可能です。


「大切な親のことだから、他人の手を借りずに家族で介護したい」

そんな家族のドキュメンタリー番組などをテレビで見ると、家族の方に頭が下がりますが、介護している側が身体を壊してはもともこもありません。

介護認定を受けたとしても、必ずしもサービスを利用する必要はありません。ただ、国民の義務として40歳から介護保険料を払っているのですから、困ったときは公的なサービスや手助けを堂々と利用すればよいと思うのです。

もし、ご両親のことなど1人で抱え込んで悩んでいる方がいたら、まずは地域の窓口に行って相談してみてくださいね。

2. 老人ホームや介護施設ってお金がかかるの？

40代～50代になってくると、親の介護のことだけでなく、自分たちの終の棲家をどうしようかとも考えるようにもなりますね。

一口に老人ホームといっても沢山の種類があります。

民間であれば、健康な状態で入居して、元気な間はカルチャースクールやスポーツなどを楽しみ、要介護状態になれば介護サービスを受けることができ、最後まで看取ってもらうところまでお世話に

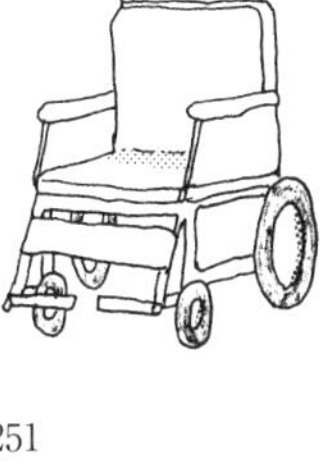

なることができる高級老人ホームも増えてきました。入居費は数千万円するところが多いようですが、富裕層の間では人気が高まっているようです。わが家でも、一人娘に迷惑をかけないために、「将来は素敵な老人ホームを探そうか？」なんて話もよくしています。

民間の有料老人ホームの場合、「介護サービスがついておらず外部サービスとの契約が必要な住宅型老人ホーム」と、「介護サービスを目的とした介護付き老人ホーム」があります。従来は入居時に一時金がかかるホームが多かったようですが、最近は比較的お手頃な月額払いの施設も増えてきました。

ただ、**施設選びの際、お金のこと以上に大切なのは、「入居する方の状態に合った施設であるかどうか」だと思います。**ホームによっては、認知症の方が中心の施設であったり、介護付きと銘打っていても、入ってみれば元気な人が多かったり、逆にある程度自立できる人が入居してみたら重度の方ばかりの施設で孤独を感じてしまうこともあるかもしれません。

病気になってしまった場合の対応も確認する必要があります。「常駐の医師や看護師がいるのか？　いない場合はどう対処してくれるのか？　たんの吸入など医療行為は行えるのか？　看取りまでしてもらえるのか」など。また、「本人とスタッフの人との相性」に加え、「家族と施設がよいコミュニケーション関係を築くこと」も大切です。入居を考える際は事前にしっかり施設側と話をしてください。

なお、たいていの施設ではショートステイなどを実施しているので、体験入所するなど、施設選びは慎重に行いたいですね。

公的な施設である特別養護老人ホーム、老人保健施設、介護療養型医療施設、ケアハウスなどは、所得に応じて月額利用料に軽減がありますので、民間に比べると比較的安く入居できますが、入居できず待機している高齢者が、特別養護老人ホームだけでも、全国で52万人程度いるそうです（平成26年3月調査）。ただ、仮に入居待ち100名と言われても、申し込み順に順番が回ってくるわけではなく、入居希望者の要介護状態や家族環境なども考慮されるため、意外にすんなり入れたという実例もあります。

平成27年8月より、年金収入が多い人などを対象に介護負担が1割から2割に引き上げられます。高齢化が進むため介護を受ける人口は急速に増加する見通しで、介護保険制度は今後も見直しが予想されます。今の40代～50代が介護を受けるときには、もっと負担が大きくなっている可能性も考えられますね。

3．介護が必要になった場合に困るのが「お金のこと」

親が要介護状態になったり、施設に入ったりした場合に困ることとして「親のお金の管理をどうするか」という問題があります。足腰が不自由になり1人で外出できなくなれば、銀行でのお金の出し入れも誰かが代わりにせねばなりません。最近の金融機関は本人確認を重視しますので、たとえ親族であっても銀行の手続きをすんなりさせてもらうことができません。

本人が寝たきりなどで字が書けなくなると、さまざまな手続きができなくなってしまい困ることも増えます。入院が長引いて、医療保険の給付金を請求する際も、本人の署名が必要であったり、自宅の火災保険の更新などにおいても契約者の意思確認を要求されたりし、家族からの依頼に金融機関は簡単には応じてくれません。1人暮らしが困難になり老人ホームなどに入ることになれば、自宅の管理やメンテナンスも誰かがしなければならないですよね。

認知症等で判断能力がなくなった場合などは、「成年後見制度」を利用するのも1つの方法です。**「成年後見制度」とは、記憶力などに障害がある高齢者や、知的障害者、精神障害者などを保護することを目的とした制度で、本人の意思を尊重しつつ、財産の管理や契約などの代理行為を行ってもらうことができます。**

成年後見人を立てることにより、本人が不利益な契約を結んでしまったり、悪徳商法にあったりする被害から守ることができます。成年後見人には条件を満たせば、子どもなどの親族でもなることができますが、いろいろな制約や手続きなども必要になりますので、兄弟など他の親族ともしっかり話し合って決める方がよいでしょう。

最近は、**「エンディングノート」**なるものが流行っています。これまでの「自分の歴史」や「金融資産一覧」「遺産相続についての希望」「お葬式やお墓についての希望」「家族や友人へのメッセージ」などを書き記すノートなのですが、高齢者だけでなく若い世代でも書く人が増えているそうです。

親子でお金の話を切り出すのは難しいという方も、「エンディングノート」などのツールをきっかけにして、「お互いのこれからのこと、お金のこと」を話す時間をつくってみてはいかがでしょうか？

☆税金を払い過ぎているかも！　年金受給者の父や母に教えてあげたいお金の話

ご両親が年金を受給しているという方、ぜひ確認していただきたいことがあります。**ある書類を提出していないがゆえに、税金を払い過ぎているケースがあるのです。それは、「公的年金等の受給者の扶養親族等申告書」という書類です。**

一定額以上の公的年金を受給している人のところに、毎年10月頃に届くものですが、**これを出さないと、税金を計算する際に控除してもらえる「公的年金控除」などの控除を受けることができず、本来よりも高い税率で計算した税金が、翌年の年金から源泉徴収されることになります。**

年間税込みで200万円程度年金収入がある方で、「扶養親族等申告書」を提出しなかったことにより、本来の払うべき税額よりも年間で13万円以上多い税金を源泉徴収されていたという実例がありました。

その方は、１人暮らしで扶養家族はいないため、「扶養親族等申告書」を出す必要はないと思っていたそうでした。

確かに、「扶養親族等申告書」というネーミング、誤解を招きますよね。

役所に問い合わせたところ、かなりの高齢者がその書類を提出し忘れて、本来よりも多い税金を支払っているそうです。

「字を書くのも細かい字を読むのも大変な高齢者にそれを求めるのはいかがなものか」と少々憤りを感じてしまった私です。ぜひ、両親をはじめ、お知り合いの高齢者の方に教えてあげてくださいね。

政府からの案内では、年金受給者の場合、公的年金の収入金額の合計額が４００万円以下、それ以外の所得が20万円以下の場合は、所得税は源泉徴収されますので「確定申告は不要」となっていますが、「扶養親族等申告書を毎年提出しなければ、高い税率で税金を引きますよ」とは大きくは記載されていません。

これを提出しなかったことにより、税金を払い過ぎていることに気づいた場合、確定申告で、過去5年分の払い過ぎた税金を取り戻すことができます。還付の請求は税務署にて年間を通じて受け付けていますので、気づいたときに実行してください。

補足ですが、医療費を一定額以上払ったり、災害にあったりした場合も、確定申告で税金を取り戻すことができますので、該当する方は合わせて申告してくださいね。

おわりに

今年44歳、ＦＰとして活動しはじめてから約8年になります。

ファイナンシャルプランナーという仕事を選んだのは「私が持っているお金の知識を、私より少し知識が少ない人に伝えたい！」という思いの他に、もう1つ理由がありました。

それは、「子育て主婦として、転勤族である夫と、不妊治療の末にやっと授かった1人娘のために、家族との時間を大切にしながらも、自分らしい、やりがいのある仕事がしたい！」という思いでした。

実際、結婚1年後に大阪から東京に転居し10年弱過ごした後、福岡へ引越しして3年、その後、私の地元、関西に戻り4年目になります。東京ではじめたＦＰの仕事も、引越しする度に仕事を中断せざるを得ない状況で、新天地でまた「種まき」からはじめ、「子育てと仕事」のワークライフバランスに悩みながらも「ＦＰとして、その時、その地でできること」を自分なりに続けてきました。

でも、転居を重ねたおかげで、東京から九州まで、たくさんの素敵な「子育て中の女性」と知り合うことができました。彼女たちに共通するのは、自分のことよりも「いつも家族の幸せを考えていること」。本当に、心温まる出会いばかりでした。

幼稚園や学校つながりの「ママ友達」には、子育てのことで本当にいろいろ助けてもらいましたし、主婦向けセミナーに参加してくださった方々からはいろいろなお金の悩みや体験談の他、その地ならではの情報などもたくさん教えていただきました。子育て女性ＦＰの仲間とは「仕事と家庭との両立における悩み」を分かち合ってきました。

そんな方々との些細な会話の中で、

「保険、年金、相続、家計管理など、お金に関する知識って必要だとは思うけど、どうやって勉強したらよいかも分からない」「家計のために働いて収入を増やしたいけれど、子育てとのバランスが難しい」と感じている人が、とても多いことに気づきました。

また、自分自身のキャリアについて、「子ども中心の生活で自分のことは後回し」とか「私なんてもう年だしおばちゃんだから」と言いながらも、「自分をもっと輝かせたい！」「将来、やってみたい、挑戦したいことがある！」など、大きな夢を持っている女性がたくさんいることも知りました。

この本は、「私が知ってよかったと思う『お金の知識』を伝えることにより、みなさんのお金に関する悩みや疑問を1つでも解決してほしい」

同じ子育て主婦として、

「世の中の子育て中の女性たちに元気になってもらいたい！　そして、前を向いて一歩踏み出せるようなきっかけを与えたい！」

そんな思いで、書き綴りました。

みなさんとご家族の未来が「幸せで素敵なものになりますように！」心よりお祈りいたします。

最後に、この本の出版の機会をいただき丁寧なご指導いただきました経法ビジネス出版株式会社の中島基隆さん、私の大切な友人であり、素敵な挿絵を書いてくださった、イラストレーターのワタナベマヤさん、そして、本の執筆にあたり協力してくださった「子育て主婦」の方々に、この場を借りて心よりお礼を申し上げたいと思います。

ごうだなみこ

２０１４年10月

ごうだ なみこ（合田菜実子）

CFP® 認定者。Happy Career&FP Support Office代表。１級FP技能士・キャリアカウンセラー（JCDA）。基礎心理カウンセラー（日本メンタルヘルス協会）。

京都府宇治市生まれ。関西学院大学社会学部卒業後、旅行会社にて企画営業・添乗員等の経験を経て、子育て期間中にCFP®資格を取得し、2007年にFPに転身。

“家計術”“金銭教育”“ライフプラン”等に関する講演や執筆活動のほか、大学生や主婦に対する就労支援など、“お金とキャリア”の両面からサポートできる“子育て主婦ＦＰ”として活躍中。

経法ビジネス新書　002

子育て主婦が知っておきたいお金の話

2014年11月15日初版第1刷発行

著　者	ごうだなみこ
発行者	金　子　幸　司
発行所	株式会社　経済法令研究会 〒162-8421　東京都新宿区市谷本村町3-21 Tel　03-3267-4811 http://www.khk.co.jp/
企画・制作	経法ビジネス出版株式会社 Tel　03-3267-4897
カバーデザイン	株式会社キュービスト
イラスト	ワタナベマヤ
編集協力	株式会社ビーケイシー
印刷所	富士リプロ株式会社

乱丁・落丁はお取替えいたします。
© Goda Namiko 2014 Printed in Japan
ISBN978-4-7668-4801-4 C0233

経法ビジネス新書刊行にあたって

経済法令研究会は、主に金融機関に必要とされる業務知識に関する、書籍・雑誌の発刊、通信講座の開発および研修会ならびに銀行業務検定試験の全国一斉実施等を通じて、金融機関行職員の方々の業務知識向上に資するためのお手伝いをしてまいりました。

ところがその間、若者の活字離れが喧伝される中、ゆとり世代からさとり世代、さらには、ゆうとおり世代と称されるにいたり、価値観の多様化の名のもとに思考が停滞しているかの様相を呈する時代となりました。そこで、文字文化の息吹を絶やさないためにも、考える力を身につけて明日の夢につながる知恵を紡いでいくことが、出版人としての当社の使命と考え、経済法令研究会創業55周年を数えたのを機に、経法ビジネス新書を創刊することといたしました。読者のみなさまとともに考える道を歩んでまいりたいと存じます。

２０１４年９月

経法ビジネス出版株式会社